ネイティブが教える
ほんとうの英語の前置詞の使い方

デイビッド・セイン *David A. Thayne*
古正佳緒里 *Kaori Furusho*

研究社

Copyright © 2014 by AtoZ

ネイティブが教える
ほんとうの英語の前置詞の使い方

Mastering English Prepositions

PRINTED IN JAPAN

はじめに／本書の内容

　前置詞とは、簡単に言ってしまえば、名詞もしくは動名詞の前に置く語のことです。at や to など数文字のものが多く（長くても、alongside, throughout, notwithstanding くらいでしょうか）、ほかの語と結びつくことで機能します。

　ネイティブは特に意識せずに使っていますが、日本人の英語学習者のみなさんが前置詞の使い方をマスターするのは大変なことでしょう。なぜなら、それぞれの状況に応じた用法を覚えなければなりませんし、ほかの前置詞との使い分けも考えないといけないからです。

　本書では、日常生活でよく用いられる前置詞22語を選び、ネイティブの視点からその意味と使い方をなるべく詳しく説明しました。例文の作成には特に注意し、みなさんに特に覚えていただきたいものになるように心掛けました。

　また、先ほど申し上げたように、前置詞をマスターするには、ほかの前置詞との使い分けも考えなければなりません。

　たとえば、次の4つの例文を、前置詞の違いを考えて日本語にすると、どうなるでしょうか？　それぞれが示す位置関係、距離感はどうでしょうか？

1. I sat *next to* him.
2. I sat *near* him.
3. I sat *by* him.
4. I sat *with* him.

　どれも似たような意味ですが、その「近さ」が微妙に異なります。前置詞を使い分けることで、この違いを表わすことができます（詳しくは、15ページの＜「対向関係」を表わす to と near, by, with の違い＞をご覧ください）。

　また、「彼らはニューヨークのチェルシー・ホテルに滞在した」というと、普通は、

They stayed *at* the Chelsea Hotel *in* NY.

ですが、実はネイティブは次のようにも言います。

They stayed *in* the Chelsea Hotel *in* NY.

　一般的には「広い場所には in を、狭い場所には at を」と習ったと思いますが、ホテルのような場所に対しても in を使う場合があります（詳しくは、16 ページの＜「場所」を表わす at と in の違い＞をご覧ください）。
　このように、本書では、ほかの前置詞との違いについても詳細かつ具体的な情報をスペースが許す限り盛り込みました。
　また、「今現在の英語」のリアルな使用状況をお伝えしようと思い、各検索エンジンを駆使して（特に Google, Bing, Yahoo! などを活用しました）、「そのフレーズがインターネット上で使われている数」も調査しました。
　たとえば、先ほどの stayed at a hotel と stayed in a hotel の使用例をインターネット検索すると、次のようになりました。

stayed *at* a hotel　　　11,600,000
stayed *in* a hotel　　　5,460,000

　検索エンジンでのヒット数ですから、その時点での話題語や流行語も含まれますが、それでも一応の目安にはなると思います。前置詞の使い分けを説明しつつ、こうした情報も必要に応じて盛り込みました。
　また、読者のみなさんに楽しく考えながら読んでいただけるように、「以下の下線部には、どの前置詞が入るでしょう？」「…と言う時、どの前置詞を使うのが適切でしょうか？」「以下の例文を前置詞に注意して日本語にすると、どうなるでしょう？」といった質問を交えて説明を進めるようにしました。

　本書の企画から編集まで、研究社の金子靖さんには、いつも以上にお世話になりました。本書執筆にあたって、前置詞の選定から、説明の仕方、そして例文の作成まで、金子さんからいくつも貴重な意見を賜りました。英語に関する豊富な知識と、その優れた運用能力をお持ちである上に、日々努力を重ねる金子さんとお仕事ができるのは、私にとって最大の喜びです。すでに私は 120 冊以上の著作がありますが、金子さん

とともに作り上げて研究社から出版された刊行物1冊1冊に対しては、特別な思いがあります。本書をお読みいただいたみなさんには、ぜひ「ネイティブが教える」シリーズの既刊本もお読みいただきたいと思います。

　また、編集部の高見沢紀子さんにも、今回もお世話になりました。高見沢さんのたくさんの貴重なご指摘のおかげで、ネイティブが普段意識しないようなことに何度も気がつきました。お2人に深く感謝申し上げます。

　前置詞は地味な品詞ですが、英語による会話や文書作成において、実に重要な役割をはたします。本書を執筆しながら、何度もそう実感しました。

　本書を通じて、ネイティブが普段どのように前置詞を使っているのか、またどのように前置詞を使い分けているのか、みなさんに理解していただけたら、著者としてこれほどうれしいことはありません。

2014年5月　デイビッド・セイン

目　次

▶ はじめに／本書の内容　　　　　　　　iii

■ 第 1 章　前置詞の使い方　　　　　　　1

to	2
at	16
in	26
on	42
about	55
of	58
by	70
for	83
from	95
into	103
up	112
down	115
after	118
with	125
within	142
without	147
over	149
across	157
around [round]	161

before	166
below	169
under	172

■ 第2章　前置詞の問題 　　　　　　　　　　　　　　177

▶ 　前置詞索引　　　　188

※本書では、43個の前置詞を取り上げました。第1章でその中から22個の前置詞を詳しく説明しました。
※英文を比較するにあたって、その容認度を、

◎＝「最適」　○＝「英語として通じるが、最適ではない」
△＝「英語として通じるが、違和感がある」　×＝「間違った表現」

のように示しました。

to

at

in

on

about

of

by

for

from

into

up

down

after

with

within

without

over

across

around

before

below

under

第 1 章

前置詞の使い方

to

to は主に「方向」を表わす前置詞です。ただしそれは動作だけでなく、程度や目的、結果など、さまざまなものごとの方向を指し、まさに矢印（→）のようなイメージになります。さらに対立や付属などの意味も表わし、非常に幅広く使われる前置詞です。

● **方向を示して「…へ」**

to のもっとも基本的なイメージは「方向」です。矢印のように、1 点から 1 点へと移動する感覚を思い浮かべるといいでしょう。同じく方向を表わす前置詞に toward もあるので、まずはこの語と比較しつつ、to の特徴を見ていきましょう。

「方向」を表わす to と toward の違い

次の例文を、前置詞の違いを考えながら日本語にすると、どうなるでしょう？

1. He walked **to** the door.
2. He walked **toward** the door.

ネイティブの解釈はこうなります。

1. 彼はドアに向かって歩いていって、そこに到着した。
2. 彼はドアに向かって歩いた。

自然な日本語にすれば、2 つとも「彼はドアに向かって歩いた」ですが、ニュアンスが異なります。1 の to であれば、通常「ドアのほうへ歩いていき、ドアに**到着した**」ことになりますが、toward の場合「ドアのほうへ向かった」ことだけを表わすため、**実際**

に到着したかどうかはわかりません。この「到着」を含むイメージが、前置詞 to の特徴といえます。

たとえば a trip **to** Paris ならば「パリへの旅行（パリを到着地とした旅行）」となるように、方向に「到着」を含むかどうかが to と toward の違いなのです。

参考までに、walk **to** the door と walk **toward** the door の使用数をインターネット検索したところ、以下の結果になりました。

walk **to** the door　　　　4,250,000
walk **toward** the door　　131,000

上の2のような表現は、日常会話というより、小説などで描写的に説明する場合に用いられるものです。

● 到着点を示して「…まで」

from Tokyo **to** Kyoto（東京から京都まで）のように、to は「…まで」という「到着点」を表わします。これは場所に限らず、さまざまなものの到着点を指します。

The regular one-way fare from Tokyo **to** Kyoto is 13,080 yen.
東京から京都までの普通片道料金は1万3080円です。

「到着点」を表わす to と into の違い

次の例文を、前置詞の違いを出して日本語にすると、どうなるでしょう？

1. Drag the file **to** the trashcan.
2. Drag the file **into** the trashcan.

ネイティブの解釈はこうなります。

1. そのファイルをゴミ箱までドラッグしなさい。

2. そのファイルをゴミ箱の中にドラッグしなさい。

　どちらも英語として問題ありませんが、この場合、into のほうがより正確な表現になります。
　1は「到着点であるゴミ箱まで移動させる」ですが、2ならば「ゴミ箱の中にしっかり入るようドラッグする（＝きちんとファイルが削除できるように捨てる）」となり、より具体的な表現になります。では、次の場合はどうでしょうか？

1. Joe went *to* the bank.
2. Joe went *into* the bank.

　1は普通に「ジョーは銀行へ行った」ですが、2の Joe went *into* the bank. は使われる状況が限られます。たとえば銀行の前で「ジョーはどこ？」と聞かれて、「銀行の**中に**入ったよ」と答えるような場合でしょう。
　このように、**あえて to ではなく into を使う**のは、はっきり「中に入った」と表現したい時です。単なる到着点なら to，さらに中に入ったことを表現するなら into になります。

　日本人英語学習者は時どき前置詞を落としてしまいますが、to の有無でもかなり意味は変わります。では、次の２つの文の違いはわかりますか？

1. I hurried *to* the factory.
2. I hurried the factory.

　1は「工場まで急いだ」ですが、2は「工場を急がせた」となります。いかに前置詞が重要か、この例文からわかるはずです。

● **方角を示して「…のほうに」**
　to は「方向」や「到着点」のほか、南や北、右や左といった「**方角**」も表わします。この方角の to に関してよく聞かれる質問を１つ紹介しましょう。「私は

東京から西に 20 キロの場所に住んでいます」と言う場合、次のどちらが正しいでしょうか？

1. I live 20 kilometers *to* the west of Tokyo.
2. I live 20 kilometers west of Tokyo.

実はこの 2 つ、基本的に同じ意味になり、どちらを書いてもまず訂正されることはありません。会話などのくだけた表現では、

Turn *to* the left. = Turn left.
左へ曲がって。

というように、**方角を表わす to はよく省略**されます。またこの方角の to は、方向の場合と異なり、到着のイメージを含みません。
とはいえ、より正確に表現するのであれば、to を入れて *to* the west of Tokyo とすべきでしょう。技術英語などでは、特に「正確な表現」が求められます。たとえば次の 2 つの文を比較すると、

◎ Make a mark 15 centimeters *to* the left of dead center.
○ Make a mark 15 centimeters left of dead center.
中心から左に 15 センチのところに印を付けなさい。

どちらも英語として正しいですが、to を使った表現のほうがより適切とされます。

● 時間・順序の終わり、終点を示して「…まで」
to は、到達点のイメージから派生して、from top *to* bottom（上から下まで）のように、**時間や順序などに関して「…まで」**とその範囲を表わします。

I read the book from beginning *to* end.
私はその本を最初から最後まで読んだ。

「私はたいてい月曜から土曜まで働く」であれば、

 I usually work from Monday **to** Saturday.

と表現することができます。ただし、この from Monday **to** Saturday（月曜から土曜まで）では、土曜が含まれるかどうかが曖昧になります。そのため「月曜日から、火曜日、水曜日、木曜日、金曜日、そして土曜日まで働く」と、きっちり「土曜まで入る」ことを明言するのであれば、

 I work from Monday **through** Saturday.

と「…まで」の意味の through を使うといいでしょう。**through** the night（一晩中ずっと）のように、through には「…のあいだじゅう」という意味もあります。

 もう１つ、「私は９時から５時まで働く」は、

 I work from 9:00 **to** 5:00.

と言えますが、「私は５時まで働く」を I work **to** 5. とは言いません。

 「…まで」と to を使って範囲を表わす場合、「**…から**」にあたるスタート地点**がわかること**が前提となります。スタート地点を明らかにせずに「…まで」を表現する場合、**up to** もしくは until や till を使います。

 I work up **to** 5:00. = I work **until** 5:00.

ほかに to を使った時間の表現に、次のようなものもあります。

 It's 10 **to** 11:00.
 10 時 50 分です。

 It's only three weeks **to** the start of spring.
 春の始まりまであとほんの３週間です。

最初の文は、「11 時」という到着点まであと 10 分、つまり 11 時 10 分前 → 10 時 50 分を表わします。to の代わりに before を用いて、It's 10 **before** 11:00. とすることも可能です。

では、次の 2 つの文の違いはわかりますか？

1. It'll take five weeks to finish this project.
2. It'll take up *to* five weeks to finish this project.

1 は「このプロジェクトを終えるのに 5 週間かかる」となり、ネイティブは「**5 週間ぴったり**」と「**(長くて) 5 週間まで**」の両方の意味で使います。

一方、2 は「このプロジェクトを終えるのに**長くて 5 週間かかる**」となります。このように、**up *to*** は「**…まで**」という**限界値**を表わします。もう 1 例挙げます。

Up *to* five passengers can fit into one car.
車 1 台には 5 人まで乗れる。

状況により、to は数値だけでなく、***to* some extent**（ある程度まで），***to* one's knowledge**（…の知る限りでは）など「程度やものごとの限界」も表わします。

To some extent, he's a good friend.
ある程度、彼はいい友だちだ。

To my knowledge, the price hasn't changed.
私が知る限り、値段は変わっていない。

●変化、到達した結果［状態、数量］を示して 「…になるまで、…に、…ほど」
　変化、到達した結果や状態、数量などを表わすのに、to が使われる場合があります。以下に示す例文のように、to の前後でものごとの変化が感じられます。ネイティブはつねにこの変化をイメージして to を用います。

The new project fell *to* pieces.

新しい企画が白紙に戻った。　※ fall to pieces「白紙に戻る」

He fell *to* his death from the balcony.

彼はバルコニーから落ちて死んだ。　※ fall to one's death「墜落死する」

We're close *to* the end of the meeting.

会議はもうすぐ終わる。　※ close to ...「…に近い」

I was close *to* crying at the end.

最後には泣く寸前だった。　※ close to ...「…する寸前で、ほぼ…」

以下の例文のように、数量が「…になるまで」という意味でも使われます。

Linda's savings amount *to* a million yen.

リンダの預金は100万円になる。

● 目的を示して「…のために」

　to は、「…のために」と目的の意味も表わします。不定詞の to との違いに注意しましょう。

I'll invite her *to* my party.

彼女をパーティに招待します。

He went *to* his son's rescue.

彼は息子の救助におもむいた。

● 動作・影響などを受ける対象を示して「…に、…へ、…に対して」

　talk *to* ...（…に話す）や give A *to* B（A を B にあげる），disaster *to* ...（…におよぶ被害）など、to は動作や影響のおよぶ対象を表わして「…に対して、…に」という意味で用いられます。

Don't talk **to** me about money.
お金の話はやめて。

Bob gave some money **to** his girlfriend.
ボブは女友だちにお金をあげた。

「対象」を表わす to と with の違い

それでは、何かが普段と違う状況に気づき、「…はどうしたの？［…に何があったの？］」とたずねる場合、次のどちらが適切でしょうか？

1. What happened **to** your computer?
2. What happened **with** your computer?

どちらも「あなたのコンピュータはどうしたのですか？」という意味になり、英語として間違いではありません。しかしより一般的なのは、1 の happened **to** です。**happen to ...** で「…に起こる、生じる」となり、to 以下の対象におよぼす影響を表わします。一方、**happen with** は口語的な表現として使われます。インターネット検索結果は次のようになりました。

something happened **to** me　　1,280,000
something happened **with** me　　769,000

どちらもかなりの頻度で使われているものの、happen **to** のほうが多いことがわかります。

また、人に何かをすすめる What do you say **to** ...? （…はいかがですか？）の to も、この用法にあたります。

What do you say **to** getting a drink?
飲み物はどうですか？

toのあとに動詞の -ing 形が来るので違和感を覚える人も多いようですが、対象を表わす前置詞 to のあとには名詞句がつづくと考えれば、理解できるでしょう。

● 反応・関連などを示して 「…に対して［対する］、…に、…にとって（の）、…には」
「…にとって（は）」にあたる意味で to が使われることがあります。

To me, it sounded like a good investment.
私には、それはいい投資のように聞こえた。

It doesn't matter **to** me.
それは私にはどうでもいいことだ。

この応用で、**to** one's ... で「(人) が…したことには」と感情を表わすこともできます。**to** one's surprise（驚いたことには）や **to** one's joy（うれしいことに）など、フレーズで使われることの多い用法です。

To my surprise, my bonus got cut by 50 percent.
驚いたことに、ボーナスが半分減らされた。

To everyone's relief, it didn't rain at all.
誰もがほっとしたことに、雨はまったく降らなかった。

「対象」を表わす to と for の違い

非ネイティブは、「…に」と対象を表わす to と for をよく混同するようです。間違えやすいのは、**反応・関連を表わす to** と、そして**利益を受ける対象・受け取る対象を表わす for**（83 ページ参照）です。この２つの使い分けは、ルールを理解するより、感覚的に覚えるのがいいでしょう。インターネット検索結果も示しました。
次の例文で、適切と思われる前置詞を選んでください。

1. She's good [*for* / *to*] me.（彼女は私にやさしい）
　　↓
○　She's good *to* me.　　6,080,000
△　She's good *for* me.　　5,180,000

どちらも英語として自然ですが、She's good *for* me. は「彼女は私のためにいい人だ／彼女は私にはいい影響がある」というニュアンスになるため、ここでは △ となります。good *to* me は、「私にとって」と自分との関連を表わし、She's kind *to* me. と言い換えることもできます。

2. It's important [*for* / *to*] me.（それは私には重要だ）
　　↓
◎　It's important *to* me.　　14,300,000
○　It's important *for* me.　　6,500,000

いずれも自然な表現となります。2 つの例文に明確な差はありませんが、important *to* me が冷静で客観的な響きになるのに対し、important *for* me は「私にとっては重要だ」と少し感情的にも聞こえます。しかし微妙な差ですから、ネイティブによりさまざまな意見があるでしょう。一般的には、客観的な表現となる important *to* me を使うのが無難です。

3. That's impossible [*for* / *to*] us.（それはわれわれには不可能だ）
　　↓
○　That's impossible *for* us.
×　That's impossible *to* us.

for はあとにつづく人に対する影響を表わすため、impossible *for* us で「われわれにとっては不可能だ」となります。ただし、That seemed impossible *to* us.（それはわれわれには不可能に思えた）であれば、seem であるため関連を表わす to になります。

4. I bought a present [*for* / *to*] my friend.（友人にプレゼントをあげた）
　　↓
○　I bought a present *for* my friend.
×　I bought a present *to* my friend.

「…のために」と利益を受ける対象を表わすなら、for です。This book is *for* you.（この本はあなたのために買った［持ってきた］）のようにも使えます。

5. It's good [*for* / *to*] your health.（それはあなたの健康によい）
　　↓
○　It's good *for* your health.　　11,200,000
△　It's good *to* your health.　　　3,980,000　※イギリス英語では○

アメリカ英語では、good *for* one's health が自然です。to には意志が含まれ、通常、人に対して使うためここでは△ですが、イギリス英語では○になります。

おおざっぱな分け方ですが、日本語から判断して「…には」と関係や関連を表わす程度なら to,「…のために、…にとって」と影響を表わすのであれば for, と覚えるのもいいでしょう。＜「受益対象」を表わす for と to の違い＞（84ページ）も参照してください。

● **所属・付属・関与などを示して　「…に（付）属して、…の、…に」**
　key *to* the door（ドアのカギ）のように、to は何かの一部であったり、付属している状態を表わします。

He's subordinate *to* Ms. Brown.
彼はブラウンさんの下にいる（地位が下だ）。

This computer belongs *to* me.
このコンピュータは私のだ。

「付属」を表わす to, for, of の違い

これもよく日本人に聞かれる質問です。「ドアのカギを持っている？」とたずねるなら、次のどの文が適切でしょうか？

1. Do you have the key *to* the door?
2. Do you have the key *for* the door?
3. Do you have the key *of* the door?

実は3つとも基本的に意味は変わりません。ただし、もっとも一般的なのは、1の key *to* the door です。これはまさに、「付属」を示す to になります。2の key *for* the door は、「そのドアの（ための正しい）カギ」と強調したい場合に使います。3の key *of* the door は古いイギリス英語で、かつて大人（21歳）になるとダンボールで作ったカギを渡していた風習があり、そのカギを key *of* the door と呼んでいました。しかし、アメリカ英語ではまずこのような言い方はしません。

3つの言い方を検索してみたところ、インターネット検索結果は以下のようになりました。

key *to* the door	6,670,000
key *for* the door	702,000
key *of* the door	170,000

インターネットのヒット数がすべてというわけではありませんが、これはある程度「ネイティブにとって適切な英語」の指標となります。とはいえ、間違った英語がまかり通っている例もありますから、あくまでも目安として考えましょう。

● 接触・付加・付着を示して 「…に、…へ」
　to は「…に加えて、…に触れて」の意味でも使われます。

Linda added two cubes of sugar *to* the coffee.
リンダはコーヒーに砂糖を2かけら加えた。

The woman held her baby close *to* her.
その女性は自分の赤ちゃんを抱きしめた。

● 一致・適合などを示して 「…にあわせて、…にあって」
　to は「…にあわせて、…にあって」の意味でも使われます。

I woke up *to* the sound of a dog barking.
犬の吠える声が聞こえて私は起きた。

That design is *to* my liking.
そのデザインは私の好みだ。

● 割合を示して 「…につき、…に対して」
　「…につき、…に対して」と割合を表わす前置詞に per があります。一般的に、per が専門用語として使われるのに対し、to は主に口語で割合を表わします。

This car gets 80 miles *to* the liter.
この車はリッター 80 マイル走る。

● 対向・対立を示して 「…と向かい合って、…に相対して」
　face *to* face（面と向かって）や from side *to* side（左右に）のように、to は人やものに向かい合っていることも示します。

「対向関係」を表わす to と near, by, with の違い

では、次の4つの例文の位置関係はどのようになるでしょうか？ 「…の隣に」という場合、to は next とともに next to ... の形でよく使われます。

1. I sat *next to* him.
2. I sat *near* him.
3. I sat *by* him.
4. I sat *with* him.

ネイティブの感覚はこうなります。

1. 私は彼のすぐ隣に座った。
2. 私は彼の近くに座った。
3. 私は彼の隣／近くに座った。
4. 私は彼と一緒に座った。

next to him は「すぐ隣」、つまり真横を表わします。一方、*near* him は「近くに」ですが、これは数メートル離れている場合にも使います。*by* him も「すぐ隣」ですが、場合によって「近くに」の意味にも取れるため、やや曖昧です。*with* him も「隣」に座ったことを表わしますが、この表現には「彼を支援／激励／手助けする目的で隣に座った」という含みもあります。

そのため、*next to* が「すぐ隣」を表わすもっとも一般的な表現となるでしょう。

at

at は具体的な場所を表わすのに使われます。ピンポイントで「ここ！」という 1 点の場所や時間を指し示すのが at と考えれば、イメージしやすいでしょう。ここでは in や from などとの比較から、それぞれの状況で at が表わすイメージをつかんでください。

● **具体的な場所・位置を示して　「…で、…に」**

　at を場所に対して使うと、ある「**地点**」を表わします。さまざまなものの「ここ！」というポイントを指します。

I bought this magazine *at* the convenience store over there.
この雑誌をあそこのコンビニエンスストアで買った。

My office is *at* the end of this street.
私の職場はこの通りの突き当たりだ。

「場所」を表わす at と in の違い

　「場所」を示す前置詞に at と in があります。次の例文で、それぞれのイメージがつかめると思います。

They stayed *at* the Chelsea Hotel *in* NY.
彼らはニューヨークのチェルシー・ホテルに滞在した。

　ここでは大きなニューヨークという場所を表わすのが in、その中の具体的なチェルシー・ホテルという場所を指し示すのが at です。
　概念的には、in は国や都市くらいの広い場所に、at はそれよりも狭いエリアに対して

使うとされ、一般的にこの例文のような使い方をします。しかし、ネイティブの感覚からすると、次のように使っても問題ありません。

They stayed *in* the Chelsea Hotel *in* NY.

ただし in を使うと、at に比べて長く滞在したイメージになります。stay at / in a hotel の使用例をインターネット検索すると次のようになりました。

stayed *at* a hotel　　11,600,000
stayed *in* a hotel　　 5,460,000

場所の at と in の違いをさらに見てみましょう。
　待ち合わせをしている友人とうまく会うことができず、電話でどこにいるのかと聞かれ、「私はホテルにいる」と答える場合、次のどちらが適当でしょう？

1. I'm *at* the hotel.
2. I'm *in* the hotel.

「I'm *at* the hotel. ならピンポイントでホテルにいることになるから、正解は 1」と思うかもしれませんが、この状況では 2 が自然です。
　たとえば「遠方にいる友人」から電話をもらって、「今どこにいますか？」と聞かれたなら、I'm *at* the hotel. でもいいでしょう。自分がホテルの中にいても外にいても、どちらも *at* the hotel が適当な言い方です。この表現は、ホテルの「中にいる」のか「外にいる」のか、はっきりしません。しかし、遠くにいる相手に説明するのに、ホテルの中か外かは重要ではなく、ただ「ホテルにいる」ことだけ伝えればいいので、*at* the hotel で問題ないのです。
　ところが、「相手はホテルの近くにいて、自分を探している」のであれば、状況は変わります。このような場合、私がホテルの中にいるなら I'm *in* the hotel. と、ホテルの外なら I'm *outside* the hotel. と答えることで、場所をさらに限定します。具体的に「ホテルの**中か外か**」という情報を与えることで、相手に見つけてもらいやすくするためです。

まとめると、「大体どのあたりにいるか」ならたいてい at を使えばいいのですが、相手がある建物の近辺で自分を探しているような場合であれば、in（中）や outside（外）を使って答えるのが適切です（⇨「場所」の in については 26 ページも参照）。

● **具体的な時を示して 「…に、…の時に」**

at は、なんらかの出来事が起こる時間を表わします。何時何分という具体的な時刻のほか、**at** midnight（真夜中に）や **at** dinner（夕食時に）といった、ある程度限られた時間に用います。

Let's meet **at** 3:30.
3 時 30 分に会いましょう。

It gets cold **at** night.
夜は冷える。

Let's talk about it **at** lunch(time).
そのことについて昼食の時に話しましょう。

「時」を表わす at, in, on の違い

では、日本人のみなさんにはなかなか判断がむずかしいと思われる「時」を表わす前置詞 at, in, on の違いについて、考えてみましょう。

× It gets cold **at** the morning.　→　◎ It gets cold **in** the morning.
朝は寒い。

× Let's talk **at** the afternoon.　→　◎ Let's talk **in** the afternoon.
午後、話しましょう。

× I called him *at* the day.　　→　◎ I called him *in* the day.
　日中、彼に電話した。

　at 7（7時に）や *at* night（夜に）のように、at は具体的な「時の１点［時刻］や限られた時間」を指します。一方、*on* Sunday（日曜日に）のように、on は特定の曜日や日にちに使います（⇨「時」の on については 53 ページも参照）。
　また、*in* 1984（1984 年に）や *in* the morning のように、in はある程度幅のある時間に対して用います。「in は幅のあるものに、at はピンポイントで」というイメージは、場所にも時間にも共通して使えます（⇨「時」［時間・期間］の in については 30 ページも参照）。

　それでは、ここで問題を解きながら、「時」を表わす前置詞 at, in, on の違いを考えてみましょう。次の例文に適する前置詞を［　］の中から選んでください。

1. I wake up early [at / in / on] the morning.
2. I wake up early [at / in / on] Sunday morning.
3. I wake up [at / in / on] the early morning.

　答えはこうなります。

1. I wake up early *in* the morning.
2. I wake up early *on* Sunday morning.
3. I wake up *in* the early morning.

　ごく普通に「朝」と表現するなら１の *in* the morning ですが、「ある特定の日の朝」を言う場合は２の *on* Sunday morning のようになります（ただし early などの限定する形容詞が付く場合は、*in* the early morning［早朝に］となります）。

「時」を表わす at と from の違い

さらに、at と同じく「時」を示す from との違いを考えてみます。「会議は明日の 6 時から始まる」と言うなら、次のどちらが適切でしょうか？

1. The meeting starts *at* 6:00 tomorrow.
2. The meeting starts *from* 6:00 tomorrow.

このような場合、ピンポイントの時間を表わす 1 の at を使うのが一般的です。各種テストでは 2 の from が不正解とされることもあるようですが、実はネイティブはさほど不自然に感じません。at のように最適ではないものの、許容範囲と思える表現だからです。次のインターネット検索結果からも、それはおわかりいただけるはずです。

start *at* 6:00 tomorrow　　　　332,000
start *from* 6:00 tomorrow　　　　58,400

● 割合・度数・価格・年齢などを示して 「…で、…の割合で」

数量などに at を付けることで、ピンポイントの数値を表わすことができます。「ここ！」という 1 点を表わす、いかにも at らしい用法です。

At 90 miles per hour, the car started to shake.
時速 90 マイルでその車は揺れ始めた。

Water freezes *at* zero and boils *at* 100 degrees Centigrade.
水は摂氏 0 度で凍り、100 度で沸騰する。

Let's set the price *at* 250 dollars.
価格は 250 ドルに設定しよう。

She started her company *at* 25.
彼女は 25 歳で起業した。

● 状況・行為を示して 「…で、…の状況［状態］で、…をしていて」
　at で一時的な状態や状況を表わすこともあります。ネイティブは慣用句としてよく用います。

I lost the race because I was *at* a disadvantage.
不利な状況だったため試合で負けた。　※ at a disadvantage「不利な状況で」

I don't think I was *at* fault.
私に落ち度があったとは思わない。　※ at fault「落ち度がある」

at risk（危険にさらされて）のように、自分が置かれた好まざる状況を表わす際も、at を用います。

Your life is *at* risk.
命が危ない［あなたは生命の危機に瀕している］。

　ビジネスでは、〈*at* the risk of ＋ 動詞の -ing 形〉（…を覚悟で）を決まり文句として非常によく使います。以下の例文の表現 *at* the risk of sounding rude（失礼なのは承知ですが）は、覚えておくと便利です。

At the risk of sounding rude, I think that's a mistake.
失礼なのは承知ですが、それは間違っていると思います。

　また、〈at ＋最上級〉で、「もっとも…（な状態）で」と最上級の状態を表わすことがあります。

He was *at* his best when he was young.
彼は若い時が最盛期だった。　※ at one's best「最高の状態で、最盛期で」

At the very least, you should know how things operate behind the scenes.
少なくとも、舞台裏でものごとがどのように動いているかを知るべきだ。

また、***at*** breakfast（朝食中で）や ***at*** work（仕事中で）など、「…に従事中で、…をしていて」と、なんらかの行為をしていることを示す時も at が用いられます。この場合、at のあとにつづく名詞は無冠詞となります。

They were ***at*** breakfast.
彼らは朝食を取っていた。

She was ***at*** work.
彼女は就業中だった。

● 判断・評価の対象を示して「…が、…に関しては」
be good ***at*** …（…がうまい）や be poor ***at*** …（…がへただ）のように、at で**判断・評価の対象**を表わす場合があります。

She's good ***at*** everything she does.
彼女は何でも得意だ［万能だ］。

実は be good ***at*** だけでなく、at を in か with に変えても英語としては通じます。前置詞によるニュアンスの違いを比較するために、He's good ***at / in / with*** math. でインターネット検索ヒット数を比較してみました。

1. He's good ***at*** math.　　1,190,000
2. He's good ***in*** math.　　241,000
3. He's good ***with*** math.　　67,200

もっとも一般的な表現は be good ***at*** math（数学が得意）ですが、ニュアン

ス的に be good *in* math は「数学の勉強が得意」、be good *with* math は「数学を使うのが上手」というイメージがやや強くなります。
　ただし「…することが得意だ」と言う場合、〈be good *at* ＋動詞の -ing 形〉の言い回しになります。そのため「彼女は判断力に長けている」は、She's good *at* making decisions. が適切です。

　　○　She's good *at* making decisions.
　　×　She's good *in* making decisions.

● 目標、動作の対象を示して　「…に、…を、…をめがけて、…をねらって」
　jump *at* ...（…に飛びかかる）や smile *at* ...（…にほほ笑む）のように、目標や動作の対象を示すのに at が使われます。

My boss lashed out *at* me in the meeting.
上司が会議で私を厳しくののしった。

My teacher got *at* me for being late.
遅刻したので先生が私を怒った。

「目標」を表わす at と to の違い

　目標を表わす前置詞には to もあります。では次の例文を、前置詞の違いを出して日本語にすると、どうなるでしょうか？

1. The swallow flew *at* the dragonfly.
2. The swallow flew *to* the dragonfly.

ネイティブの解釈はこうなります。

1. ツバメはトンボに襲いかかった。
2. ツバメはトンボのほうへ飛んでいった。

> 1 の fly *at* は意図的な攻撃となるのに対し、2 は方向のみを表わします。at と to には、このニュアンスの違いがあります。
>
> さらに「目標」の意味の at と to を比較してみましょう。仕事に取りかかる時、「さあ、やろう！」と声をかけますが、それに相当する英語は Let's get *at* it! それとも Let's get *to* it! でしょうか？　インターネット検索ヒット数は、次のようになりました。
>
> Let's get *to* it!　　8,230,000
> Let's get *at* it!　　　343,000
>
> 「具体的に何かをしよう」というのでなく、ただ「さあ、やろう！」と声をかけるのであれば、Let's get *to* it! が自然なようです。

　この「目標、動作の対象」を示す at で、もう 1 つ注意してほしい用法があります。次の例文を、前置詞の有無を考えて日本語にすると、どうなるでしょう？

1. George hit *at* my body.
2. George hit my body.

ネイティブの解釈はこうなります。

1. ジョージは私の体を殴ろうとした。
2. ジョージは私の体を殴った。

　1 は「殴ろうとした」のであり、実際に殴ったかどうかはわかりません。一方、2 の hit my body は、「実際に殴った」と思われます。
　1 の at は、「行為の対象」を示しますが、実際にその行為が**行なわれたか**どうか（実際に殴ったかどうか）、明らかにしません。このように at はある行為を通じて目標を成し遂げようと努力しますが、その目標を達成するとは限らないことも暗示します。**時に、それが「敵意の対象」を示すことがあることにも注意しましょう。**

では次の例文を、前置詞の有無を意識して日本語にすると、どうなるでしょうか？

1. He grabbed *at* the branch.
2. He grabbed the branch.

ネイティブの解釈はこうなります。

1. 彼は枝をつかもうとした。
2. 彼は枝をつかんだ。

at の有無で意味は変わります。1 は at があるため、枝をつかもうとしたものの、実際につかんだかどうかはわかりません。一方、2 は at がないので、「つかむ」行為が確かに行なわれたことになります。この at の用法は、あまり日本人になじみがないようです。よく間違った解釈を見かけますから、ぜひ覚えてください。

in

inは場所や状態、時間を表わすのに使われます。主に「中」や「間」のイメージです。その「何かの中にいる［ある］」というイメージから派生して、「服の中にいる」→「…を着て」、「時間の中で」→「…以内に」、「ある集合体の中で」→「…に属して」といった意味合いでも使われます。

● 広がりのある場所・位置を示して 「…の中で［に］、…に、…で」

in the world（世界で），*in* the house（家の中で）のように、in は何かの「中」にある［存在する］ことを表わします。

There's not much money *in* my account.
銀行の口座にお金があまりない。　※ものの中を表わす in「預金口座の中に」

I worked at a company *in* London.
ロンドンにある会社で働いた。　※場所を表わす in「ロンドンの中に」

「場所」を表わす in と at の違い

では、よく日本人から受ける質問に答えながら、in と at の違いを説明しましょう。次の例文を、前置詞の違いを出して日本語にすると、どうなるでしょう？

1. I study history *in* school.
2. I study history *at* school.

ネイティブの解釈はこうなります。

1. 私は学校という場所で歴史を勉強している（学校以外の場所、あるいは家での自習など

ではなく、学校で歴史を学んでいる)。
2. 私は学校で歴史を勉強している(私は歴史を学ぶ学生だ)。

1と2は意味的にさほど変わりませんが、2の**at** schoolのほうが広く使われています。16ページの〈「場所」を表わす at と in の違い〉でも説明しましたが、一般的に〈at ＋場所〉**は「大体どのあたりにいるか」を示す時に使われます。**この場合は、「どの場所か」はそれほど重要ではありません。I study history.（私は歴史を勉強している）が文の中心と考える場合、補足の要素である「学校で」という情報はさほど重要ではありません。そのため、2が自然な表現となります。

一方、**in** school は「ほかの場所や家での自習ではなく**学校で**」と「**場所**」を重視した**表現**となり、英語として間違いではないものの、**at** school ほどの自然さは感じられないのかもしれません。インターネットの検索結果は以下のとおりです（⇨ 37 ページの「in のあとが無冠詞なのはどんな場合？」も参照）。

I study history *in* school.　　26,100
I study history *at* school.　　53,300

では、次の2つの例文を、前置詞の違いを出して日本語にすると、どうなるでしょう？

1. What did you learn *in* school?
2. What did you learn *at* school?

ネイティブの解釈はこうなります。

1. 学生時代に何を習った？
2. 学校で何を習った？

1は「（学生の頃）学校で何を習った？」と卒業後に聞いているような感じになります。*in* school は「学校という場所で」となり、具体的にどこの学校かはあまり問題ではありません。

一方、2は母親が子供に質問しているような感じで、**at** school は「(今日あなたの通っている)学校で」という具体的なイメージになります。参考までに、インターネットの検索結果はこうなりました。

learn *in* school	1,690,000
learn *at* school	238,000

状況次第ではありますが、in と at の違いがなんとなく理解できたでしょうか? (⇨「場所」の at については 16 ページも参照)。

では次に、特に「位置」を示す in と on の違いを見てみましょう。

「位置」を表わす in と on の違い

「自分を鏡で見たくない」と言う時、次のどちらの文が適切でしょうか?

1. I don't want to look at myself *in* the mirror.
2. I don't want to look at myself *on* the mirror.

これは「鏡の中に写る自分を見たくない」という意味合いなので、正解は 1 です。**on** the mirror とは言いません。「鏡の上に写る」と考えると on を使いたくなるかもしれませんが、この場合ネイティブは感覚的に「鏡の中に」ととらえます。では、次はどうでしょう?

1. He sat *in* the chair.
2. He sat *on* the chair.

両方とも英語として自然で同じような意味になりますが、sat *in* the chair なら「椅子の中に(深々と)座った」というニュアンスになるため、よりリラックスして座っているように感じます。

一方、sat *on* the chair は「on =真上に」から「ただ単に椅子(の上)に腰掛けた」というイメージになります。インターネット検索結果は、次のようになりました。

sit *in* the chair　　702,000
sit *on* the chair　　504,000

　大切なお客様には You can sit *in* this chair.（こちらの椅子にお座りください）を使うでしょうが、かといって You can sit *on* this chair. が失礼というわけではありません。それくらい微妙な表現ですが、ネイティブは多少なりとも前置詞による違いを感じ取るものなのです（⇨「位置」の on については、「表面・線上の接触を示して」[42 ページ] の項も参照）。

● 内部への移動・運動、行為・動作の方向・方角を示して　「…の中へ［に］、…へ」
　put A *in* B（B の中へ A を入れる）のように、in は「…の中へ、…に」と中への移動や、動作の方向・方角を表わします。
　内部への移動・運動は、次のような言い方で示されます。

If it starts to rain, let's get *in* the car.
雨が降り始めたら、車の中に入ろう。

Let's put these books *in* that box.
これらの本をあの箱の中へ移動させよう。

　行為や動作の方向・方角は、次のような言い方で表現されます。

The sun rises *in* the east and sets *in* the west.
日は東から昇り、西へ沈む。

A drum and bugle band was marching *in* that direction.
鼓笛隊はその方向へ行進した。

「移動・運動」を表わす in と into の違い

「…の中へ」という移動・運動を表わす前置詞には、ほかに into もあります。次の例文を、前置詞の違いを出して日本語にすると、どうなるでしょうか？

1. Let's go *in* the store.
2. Let's go *into* the store.

ネイティブの解釈はこうなります。

1. そのお店に寄ろう。
2. そのお店の中に入ろう。

通常、ただ「入る［寄る］」のであれば in を使い、「中に入る」と「中に」を強調したい場合に into を使います。インターネット検索結果は、次のようになりました。

go *in* the store　　　2,960,000,000
go *into* the store　　　2,790,000

一般的には、より気軽に聞こえる in が好んで使われることがわかります。
これは本来、前置詞の in は「位置」（店に）を表わす意味合いが強いのに対し、**into** は主に「移動する方向」（店の中に）を表わすからと考えられます（⇨「移動」の into については 103 ページも参照）。

● 所要時間・経過時間・期間を示して 「…の（時間の）うちに、…以内に」

in の「…の中に」というイメージを時間にあてはめると、***in*** 1984（1984 年に）や ***in*** three days（3日で）など、「期間」や時間の「経過」を表わします。

「去年2度ヨーロッパに行った」と言う時、次のどちらの文が適切でしょうか？

1. I went to Europe twice *in* last year.
2. I went to Europe twice last year.

　正解は2です。in と last は同じ役割をはたし、どちらも「期間」を表わすので、両方が同時に使われることはありません。そのため、I went to Europe twice *in* last year. とは言わず、I went to Europe twice last year. となります。

「期間」を表わす in と within の違い

では、次の例文を、前置詞の違いを出して日本語にすると、どうなるでしょう？

1. I'll be finished *in* three days.
2. I'll be finished *within* three days.

ネイティブの解釈はこうなります。

1. ちょうど3日で終わらせるよ。／3日以内に終わらせるよ。
2. 3日以内に終わらせるよ。

　2は明らかに「3日以内に」ですが、1は「ちょうど3日で」にも「3日以内で」にも、どちらの意味でも取ることができる曖昧な表現になります。
　期日を伝えるのに in では曖昧なため、正確に伝えるのであれば、I'll be finished *by* August 19 at 5:30.（8月19日の5時30分までに終わらせるよ）などと表現するのがよいでしょう。
　ただし例外もあります。次の例文を、前置詞の違いを出して日本語にすると、どうなるでしょう？

1. I'll do it *in* an hour.
2. I'll do it *within* an hour.

ネイティブの解釈はこうなります。

1. 1時間後にそれをやるよ。
2. 1時間以内にそれをやるよ。

1 を「1 時間で」ととらえる人がいますが、この場合の in は「…後に」という意味合いで、「期間」ではなく、「経過」を示します。*in* a few days（数日後に）や *in* a minute（すぐに［すぐあとに］）などと同じ用法です。では、次の場合はどうでしょうか？

I'll do it *in* five years.

これは「5 年後にそれをやります」（経過）ではなく、「5 年でそれをやります」（期間）となります。「期間」の in か「経過」の in か迷うでしょうが、「経過の in」は数秒・数分・数時間といったごく短い時間に対して使う、と覚えておくといいでしょう。

期限を伝える表現は、特にビジネスにおいて重要です。曖昧さを避けるには、繰り返しになりますが、I'll do it *by* 11:30.（11 時半までにそれをやるよ）のように**誤解のない表現**を心がけるべきです。

「1 時間以内に」の言い回しをインターネットで検索したところ、次のようになりました。

in an hour	12,900,000
within an hour	4,540,000
inside an hour	68,900

in an hour は、文脈により「1 時間以内に」と「1 時間後に」の両方に取れます。この曖昧な表現のヒット数が多いのは、あえて *within* an hour で「1 時間以内に」ときっちり言うと、締切りなどを急がせているように聞こえてしまうからかもしれません。

inside an hour は耳慣れない表現かもしれませんが、これは「以内」を強調して伝える際に使う言い回しです（⇨「期間」の within については 142 ページも参照）。

● 着用を示して 「…を着て、…を身につけて、…をかぶって、…を履いて」

in uniform（制服を着て）や *in* red（赤い服を着て），さらには a man *in* a wig（かつらをつけた男性），a woman *in* sandals（サンダルを履いた女性）など、in は「着用」の意味でも用いられます。

I saw several police officers *in* uniform.
数名の制服を着た警察官を見た。

He was dressed *in* his best suit.
彼はいちばんいいスーツを着ていた。

　日本人英語学習者は「着ている」という表現を聞くと、すぐに wear という動詞を連想してしまうようですが、ネイティブはこのような言い方を自然に使います。

● 割合を示して 「…につき、…において」

in は、two *in* ten（10人中2人）のように、全体の中でどれくらいかという割合や比率も表わします。

One *in* ten students came late.
学生の10人に1人が遅刻した。

「割合」を表わす in と of の違い

では、「社員の5人に1人が会社の新しい方針を嫌がった」と言う時、次のどの文が自然でしょう？

1. One *in* five employees doesn't like the new policy.
2. One *of* five employees doesn't like the new policy.
3. One *out of* every five people doesn't like the new policy.

> もっとも自然なのは1でしょうが、2も3もネイティブは間違いだとは思いません。いずれの表現も可能です。インターネット検索結果は次のようになりました。
>
> | | |
> |---|---|
> | one *of* five people | 2,240,000 |
> | one *in* five people | 354,000 |
> | one *out of* every five people | 30,400 |
>
> one *out of* every five people は耳慣れない表現かもしれませんが、日常会話ではよく使われます。ネイティブの使用頻度は of ＞ in ＞ out of の順ですが、どれを使っても、まず修正されることはないでしょう。

● 範囲・条件を示して 「…において、…で」

in one's opinion（…の意見では）や、*in* the circumstances（こういう事情で）のように、in は**範囲**や**条件**も示します。

In my opinion, George is the best accountant.
私の意見では、ジョージがいちばんの経理です。

I will do everything *in* my power.
できる限りやってみます。

in one's power（最大限に）などは、ネイティブが日常的によく使う言い回しです。ぜひ覚えておきましょう。

● 状況を示して 「…（の状況）の中で、…の状態で」

in good health（健康で）, *in* despair（絶望して）, *in* trouble（困った状態で）, *in* a good mood（上機嫌で）, *in* public（人前で）など、in は状況を表わす際にも使われます。

I've been *in* good health since last year.
去年からずっと体調がいい。

She has been *in* despair since losing her husband.
彼女は夫を亡くしてから、ずっと絶望している。

では、次の例文はどうでしょう？

I stood *in* the sun for an hour.
私は1時間、日の当たる場所に立っていた。

　I stood *under* the sun for an hour. でもいいでしょうが、これだと「太陽の下」をかなり強調した言い方になります。あえて *under* the sun を使うならば、There's nothing new *under* the sun.（この世に新しいものなど何もない）など決まり文句として使うのが一般的です。
　それでは、「雨の中、外にたたずむんじゃない」と言うなら、次のどちらでしょう？

1. Don't stand *in* the rain.
2. Don't stand out *in* the rain.

　厳密に言えば、2の out *in* the rain の out は余分です（「雨の中たたずんでいる」のであれば、out［外で］に決まっているので）。とはいえ、実際のところ、ネイティブは1も2も日常的によく使っています。

　前置詞 in の有無による違いも見てみましょう。次の例文を日本語にすると、どうなるでしょうか？

1. That company is *in* trouble.
2. That company is trouble.

1. あの会社はトラブルにあっている。
2. あの会社はやっかいものだ。

1は「大変だ」だけでなく、*in* trouble with the tax office（税務署と問題になっている）のように、「ほかと問題を起こしている」という含みがあります。ただしThat company is *in* financial trouble.（あの会社は財政的に厳しい状況にある）と表現すれば、ニュアンスは変わります。

一方、2のThat company is trouble. は、「あの会社はまわりに迷惑をかけている→やっかいものだ」となります。状況を表わす in がないため、that company = trouble となります。

● 所属・職業・従事を示して 「…に、…に属して、…に従事して」

in the army [navy]（軍隊[海軍]に入っている[所属している]）, *in* society（社交界に）, *in* the Cabinet（内閣に、閣内に）など、「所属」や「職業」を示す際も in が使われます。

George is *in* architecture.
ジョージは建築の仕事をしている。

Pam is *in* furniture.
パムは家具の仕事をしている。

Sam has been *in* computers for more than 20 years.
サムはコンピュータ関係の仕事を20年つづけている。

Do you want to be *in* a movie?
映画に出たい？

「所属」を表わす in と with の違い

では、「メアリーは軍人だ」と言うなら、次のどちらの文が適切でしょうか？

1. Mary is *in* the army.
2. Mary is *with* the army.

一般的に 1 です。*in* the army で「入隊している」という意味ですから、「メアリーは入隊している」→「メアリーは軍人だ」となります。2 の *with* the army は「軍と一緒にいる」という意味にも取れて曖昧なため、ネイティブはまず使わないでしょう。

それでは「彼は ABC 社に勤めている」と言う時、次のどちらの文が適切でしょうか？

1. He's *in* ABC Corporation.
2. He's *with* ABC Corporation.

こちらは 2 です。この場合の with は提携や勤務を表わす用法になります。He's *in* ABC Corporation. でも英語として間違いではないでしょうが、あまり使いません。

in か with かの違いは、立場の違いからくるものと考えられます。軍隊のように、すでに土台があるものに「参加」する場合 in を用い、契約として「提携」する［している］場合 with になる、と考えるといいでしょう（⇨「所属・勤務」の with については 125 ページも参照）。

● in のあとが無冠詞なのはどんな場合？

in the bed（ベッドで）や *in* the school（学校で）のように、単に「場所」を表わす際は冠詞が付きますが、その場所での活動や機能を指す際は、冠詞を付けません。

in bed（ベッドで、寝て）
in school（学校で、在学中で）
in class（授業中で）
in town（町で）
in church（教会で）

〈「場所」を表わす in と at の違い〉（26 ページ参照）でも紹介したように、無冠詞の場合、たとえば I study history *in* school.（私は学校という場所で歴史を勉強している［学校以外の場所、あるいは家での自習などではなく、学校で歴史を学んでいる］）や、次のような形で使うのが一般的です。

It's important that you learn the basics when you're still *in* school.
在学中に基礎を学ぶのが大事だ。　※ in school で「在学中に」という活動のニュアンス

● 才能・素質・性格・資格などを示して　「…の中に」
　人に対して in を使うと、**人が身につけている才能・資質・性格・資格**などを表わすことができます。

Bob has something of an artist *in* him.
ボブには多少芸術家肌のところがある。

She's strong *in* math.
彼女は数学が得意だ。

You have a good advisor *in* Mary.
あなたにはメアリーといういい助言者がいる。

ただし、これはややかしこまった言い方に聞こえるため、通常は以下のように表現します。

Mary was a good advisor. It's too bad she's gone.
メアリーはいいアドバイザーだった。彼女がいなくなり残念でならない。

● 手段・方法・材料［素材］を示して　「…の方法で、…（の材料）を使って」
　speak *in* English（英語で話す）や *in* a loud voice（大声で），*in* clay（粘土で）のように、*in* は行動の手段・方法、あるいは材料・素材を表わします。

Sally said something *in* French.
サリーはフランス語で何か言った。

Please speak *in* a loud voice.
大きな声で話してください。

We need to write *in* pencil.
鉛筆で書かないといけません。

「手段」を表わす in と with の違い

「私は現金で支払いたい」と言う時、次のどちらの文が適切でしょうか？

1. I'd like to pay *in* cash.
2. I'd like to pay *with* cash.

実は、どちらも間違いではありません。ただし、I'd like to pay *with* cash and not *with* a credit card.（私はクレジットカードではなく現金で支払いたい）と、あえて「支払い手段」を強調したい場合、with を使う傾向があります（⇨「手段」の with については130ページも参照）。そのためインターネット検索結果も、ほぼ同数となります。

pay *in* cash　　699,000
pay *with* cash　676,000

● 形状・配置を示して　「…の形で、…となって、…に」

in a line（列をなして）や *in* a circle（輪になって）のように、in は形状や配置も表わします。

では、「輪になって座ろう」と言う時、次のどちらの文が適切でしょうか？

1. Let's sit *in* a circle.
2. Let's sit around *in* a circle.

2のaroundは意味的に*in* a circleと重複するため、正しい表現は1です。しかし、どちらもわりとよく耳にする言い回しです。ただし1のsit *in* a circleのほうが、よりきちんとした英語に聞こえるため、インターネット検索結果も次のようになりました。

sit *in* a circle　　　　393,000
sit around *in* a circle　　30,600

● 行為・活動・関心・興味の対象を示して　「…して、…に」
　be interested *in* ...（…に興味がある）や be skilled *in* ...（…に熟練している）など、inは行為・活動・関心・興味の対象を表わします。

He is engaged *in* preparing for the next test.
彼は次のテストのために勉強している。

Aaron believes *in* God.
アーロンは神を信じる。

では、次の文を日本語にすると、どうなるでしょうか？

1. Do you believe him?
2. Do you believe *in* him?

ネイティブの解釈はこうなります。

1. 彼を信じますか？
2. 彼を信頼していいと思う？

1は「彼の言うことを信じますか？」ですが、2は「彼ができると思う？」「彼のことを信頼していいと思う？」という意味合いです。believe *in* ... で「…を信頼［信用］する、…の存在を信じる」と、**より対象を重視した表現**になります。
　そのため同様に、I believe ghosts. なら「幽霊の言うことを信じる」、I believe *in* ghosts. なら「幽霊の存在を信じる」となるのです。

on

on でまず理解してほしいのは、「上にある」、そして「そこに接している、触れている」というイメージです。「上」を表わす前置詞には above や over, up などもありますが、表面に接している状態を表わすのは on と over です。ただし「くっついた感覚」を持つのは on のみです。

● **表面・線上の接触を示して　「…の上に、…に接して、…に乗って」**

　まずは一般的な on の用法から見ていきましょう。以下の例文はすべて「**何かの上に接した状態**」ですが、それぞれ異なる状況で使われています。これだけ幅広く on が使われるということを、イメージしてください。

I spilled some milk ***on*** the floor.
床に牛乳をこぼした。　※床の表面にこぼれた状態

Can you read that sign ***on*** the wall?
壁の掲示、読める？　※壁に貼ってある状態

He kissed the queen ***on*** the hand.
彼は女王の手にキスした。　※体の一部に接触して

She had a strange look ***on*** her face.
彼女はけげんな顔をした。　※顔の上に→表情に現われて

Look at the graph ***on*** page 250.
250 ページのグラフを見て。　※紙の上に→紙面などに掲載されて

Lay down *on* the ground.

地面に伏せろ。　※地面の「上」というイメージ

「場所」を表わす on と in の違い

では、次の2つの文の違いはわかりますか？

1. Put your name *in* the form.
2. Put your name *on* the form.

「書類の上に書く」と考えると on が自然なように思えますが、この場合、「名前を書く場所」が問題となるので、ネイティブは1の in the form をよく使います。またネイティブの感覚としては、1の in だと手近なところにある書類を、2の on だとそれよりやや遠いところにある書類を指します。そのためこのような例文の場合、手近な書類を指しながら1を使うのが自然と感じるようです。

● 近接を示して　「…に接して、…に沿って、…に面して、…の近くに、…との境に」

on の密着したイメージは、上に接しているだけでなく、**そばに接している状態**に対しても用います。

Is your company *on* the right or the left?

あなたの会社は右側ですか左側ですか？

Once upon a time, an old man lived in a house *on* the river.

昔むかし、川のほとりの家に1人のおじいさんが住んでいました。

「近接」を表わす on と along の違い

近くにあることを表わす前置詞に on と along がありますが、次の2つの文の違いはわかりますか？

1. We ate at a restaurant **on** the river.
2. We ate at a restaurant **along** the river.

1の on the river は **on** the bank of the river の省略形ですが、前後関係がわからないとネイティブでも「川沿いのレストラン」なのか「川の上に浮かぶ（？）レストラン」なのか判断に困ります。現実的には、川の上に浮かぶレストランはまずないでしょうから「川沿いのレストラン」でしょうが、この場合の on はそのように曖昧なニュアンスになります。しかしそれに対して、2のように along を使えば「川沿いのレストラン」と明確です（上の Once upon a time, an old man lived in a house on the river. という例文は、現実的な問題から「川のほとりの家」と判断されます）。

もし「川の上に浮かぶレストランで食事をした」と表現するのであれば、We ate at a restaurant floating **on** the river. と表現するといいでしょう。

「近接［場所］」を表わす on と in の違い

場所を表わす前置詞に on と in がありますが、次の2つの文の違いはわかりますか？

1. There's a bank **on** this street.
2. There's a bank **in** this street.

いずれも日本語にすれば「この通りに銀行がある」ですが、**on** the street と **in** the street では、**on** のほうがより広い通りのイメージになります。2の in は不自然な英語になります。

では、次の英文はどのようなイメージになるでしょうか？

1. He lives *on* this street.
2. He lives *on* the street.
3. He lives *in* the street.

ネイティブの解釈はこうなります（⇨「場所」の in については 26 ページも参照）。

1. 彼の家はこの通りにある。
2. 彼は路上で生活するホームレスだ。
3. 彼は車が走るところに住んでいる。　※まず使わない英語

● 付着・所持を示して　「(衣服など)を身につけて、…に着用して、…にはめて、…にかぶって、…を所持して」

on の「何かの上にくっついている」イメージの派生で、何かを身につけている、あるいは所持していることを表わします。

He has a cap *on* his head.
彼は帽子をかぶっている。

Why does she have three rings *on* her finger?
どうして彼女は指に指輪を3つはめてるの？

┃「所持」を表わす on と with の違い┃

では、「お金をいくらか持っている？」と言う時、次のどちらの文が適切でしょうか？

1. Do you have any money *on* you?
2. Do you have any money *with* you?

どちらもネイティブはよく使いますが、この場合、所持を表わす with を使った2のほ

うが「正しい英語」になります。1の **on** you は on one's person（身につけて）を省略したもので、非常に口語的な言い回しです。こちらは「付着」の意味になります。

しかしネイティブは、日常生活では堅い表現となる **with** you よりも **on** you を好んで使うようです。インターネット検索結果はこのようになりました（⇨「所持」の with については129ページも参照）。

Do you have any money **on** you?　　425,000
Do you have any money **with** you?　212,000

とはいえ、まずは正しい英語を身につけるのが先決です。所持の with の使い方をぜひ覚えてください。

● 所属・従事を示して「…の一員で、…に属して、…で働いて」

on the team（チームに属して）のように、on はある**組織に所属している**ことも示します。

Erica was **on** the staff of the periodical.
エリカはその定期刊行物のスタッフだった。

You and I are **on** the same committee.
あなたと私は同じ委員会です。

「所属」を表わす on と in の違い

「彼は実行委員会の一員だ」と言う時、次のどちらの文が適切でしょうか？

1. He's **on** the planning committee.
2. He's **in** the planning committee.

どちらも英語として間違いではありませんが、**on** the committee のほうが自然だと思います。in も所属や従事を表わしますが、team や group といった**集団組織に対しては on を用いるのが一般的**です。インターネットの検索結果も次のようになりました（⇨「所属」の in については 36 ページも参照）。

on the planning committee　　3,240,000
in the planning committee　　　　　17

● 用事・仕事［就業］を示して　「…のために、…で」

上に紹介した「…で働いて」という「従事」のイメージから、on は**用事や就業中であること**も示します。

He went to Venezuela *on* business.
彼は仕事でベネズエラに行きました。

Mr. Johnson is now *on* duty.
ジョンソンさんは今勤務中です。

● 何かに支えられている、強く依存している状態を示して　「…によって、…を頼って、…を食べて、（薬など）を常用して」

on の密接にくっついたイメージの派生から、ネイティブは「何かに支えられている、強く依存している状態」を連想します。そしてこの意味でもよく使われます。

This car runs *on* biofuel.
この車はバイオ燃料で走る。

Nadia lives *on* vegetables.
ナディアは菜食主義だ。

Citizens depend *on* the media for unbiased news.
市民は公平な情報をメディアに求める。

「何かに強く依存している」というニュアンスから、on は「(薬などを) 常用して、中毒で」の意味にもなります。

George is *on* two prescription drugs.
ジョージは 2 種類の薬を常用している。

● 根拠・基準・条件を示して　「…に基づいて、…にしたがって」

on の「何かの上にある」というイメージから、ネイティブは「(その下にある) 根拠や基準、条件に基づいて」という感じを連想します。この意味で日常よく用います。

This theory is based *on* 20 years of research.
この理論は 20 年の調査を元にしている。

I sold my stocks *on* Betty's advice.
ベティの忠告にしたがって株を売った。

● 手段・方法を示して　「…で、…に乗って」

on the air（電波を通して）や *on* television（テレビで）のような言い方もよく使われます。この on は、道具や情報などの手段を示して、「…を用いて、…を使って」の意味で用いられます。

We spoke *on* the phone for an hour.
私たちは電話で 1 時間話をした。

Could you play us a song *on* your guitar?
私たちのためにギターで 1 曲演奏してもらえますか？

I watched a documentary **on** TV.
テレビでドキュメンタリーを見た。

では、以下の下線部には、on と in のどちらが入るでしょう？

1. The advertisement appeared ＿＿ the newspaper / magazine / periodical.
2. The advertisement appeared ＿＿ television.
3. The advertisement appeared ＿＿ the Internet.

　新聞、雑誌、定期刊行物の中の広告となると、in が適切です。ですので、1 には in が入ります（⇨ in の「広がりのある場所・位置を示して」[26 ページ] の項も参照）。
　しかし、テレビやラジオ、そしてインターネットに関しては、on が使われることが多いようです。そのため 2 と 3 には on が入ります。

「手段」を表わす on と from の違い

　「インターネットからこの情報を入手した」と言う時、次のどちらの文が適切でしょうか？

1. I got this information **on** the Internet.
2. I got this information **from** the Internet.

　どちらも英語として自然です。1 は「インターネットを使って情報を得た」となり、on は情報入手の手段を指します。2 は「インターネットからこの情報を入手した」となり、from は情報の出どころ [発信源] を表わします。情報の出どころを明確にするのか、それとも入手手段を明確にするのかによって、どちらの前置詞を使うか判断すればいいでしょう。

travel **on** ...（…で旅行する）や **on** foot（徒歩で）のように、**移動手段**を表わすこともあります。

I'm going to go home **on** the next plane.
次の飛行機で家に帰る予定だ。

I missed the bus, so I went to school **on** foot today.
バスに乗り損なったので、今日は徒歩で学校へ行った。

「(移動) 手段」を表わす on と by の違い

「雨が降っていなければ、徒歩で仕事に行く」と言う時、次のどちらの文が適切でしょうか？

1. When it doesn't rain, I go to work **on** foot.
2. When it doesn't rain, I go to work **by** foot.

これはネイティブのあいだでも意見が分かれます。on よりも by のほうが「手段」の意味合いが強いため、**by** car や **by** taxi などと比較して言及するような時は、**by** foot がよく使われます。しかし「手段」を強調せずに、普通に「徒歩で」と表現するなら、**on** foot が用いられることが多いようです（⇨「手段」の by については 71 ページも参照）。

George went by train, but I went **by** foot.
ジョージは電車で行ったが、私は徒歩で行った。

It's a nice day, so why don't we go **on** foot?
いい天気だから、歩いて行こう。

しかし、ただ「歩く」を意味するのであれば、**on** foot や **by** foot より、walk がよく用いられます。上の例文も、次のように表現するのが自然だと思います。

George went *by* train, but I walked.

It's a nice day, so why don't we walk?

● 関係を示して「…に関する、…についての」
　lecture *on* morals（道徳についての講義）のように、on が持つ「くっついた」イメージから対象との密接な関係を表わします。about にも同じ用法がありますが、about はより一般的な内容に対して、on はより専門的な内容に関して用いる傾向があります（⇨「関係」の about については 55 ページも参照）。

Let's watch this documentary *on* the Egyptian pyramids.
エジプトのピラミッドに関するこのドキュメンタリーを見よう。

I took a class *on* accounting.
経理のクラスを取った。

　ただし、この「…について」という意味の on は、最近は使われなくなっています。一方、ちょっとした話題に on が使われる場合もあります。

We need to decide *on* a name for our company.
我が社の社名を決めなければいけない。

Try not to touch *on* that sensitive subject.
その微妙な案件については触れないようにしよう。

● 方向・対象を示して「…に対して、…に向かって」
　call *on* ...（…を訪問する）や duty *on* ...（…の税金）のように、on は行為の対象や対象物にかかるものを表わします。ネイティブは、「上から何かが降りかかる」ようなことをイメージします。

When I stood up, all eyes were **on** me.
立ち上がったところ、全員の目が私に向けられた。　※おおいかぶさるイメージ

The dog jumped **on** me and licked my face.
犬が私に飛びかかり、私の顔をなめた。　※上から飛びかかるイメージ

How much is the tax **on** cigarettes?
タバコにかかる税金はいくら？　※タバコにかかる［降りかかる］イメージ

If you have a garden, you can save money **on** food.
家庭菜園があるなら、食費を浮かせるよ。　※食事にかかるイメージ

● 比較を示して「…と比べて、…より」

　ビジネスでよく使う用法で、on は**比較の対象**を表わします。

Sales are 10 percent down **on** the year.
売り上げはその年より10%下がった。

　では次の例文を、前置詞の違いを出して日本語にすると、どうなるでしょうか？

1. Sales increase year **on** year.
2. Sales increase year **by** year.

1. 売り上げが対前年比で上がっている。
2. 売り上げが年々上がっている。

　1の year **on** year はビジネスでよく使う言い回しで、「前年同期に比べ」「対前年比で」という意味になります。一方、2の year **by** year は「年々、年を追うごとに」という意味合いで、どちらかといえば文学的な表現になります。

● 状態を示して 「…している最中で、…中で」

on sale（売り出し中）や **on** strike（ストライキ中）など、on は**状態や継続中の活動**を表わします。日本人のみなさんは「…している」と聞くと、現在進行形を使うのがいいと思うようですが、ネイティブはこのような状況では on をよく用います。

The clothes on this table are **on** sale.
このテーブルの上の服は販売中です。

Betty is **on** vacation this week.
ベティは今週、休暇中です。

● 日時・機会を示して 「…に」

on Sunday（日曜日に）や **on** the morning of September 11（9月11日の朝に）のように、on は日時を表わします。

Let's talk again next week **on** Monday.
来週の月曜にまた話そう。

I'll call you **on** the morning of my departure.
出発する日の朝、きみのところに立ち寄るよ。

I'll see you **in** the morning.（朝、会いましょう）とは言いますが、I'll call you **in** the morning of my departure. とは言いません。「ある特定の日の朝」を表現する場合は、**on** the morning of ... が決まり文句となります（⇨「時」［時間・期間］の in については 30 ページも参照）。

「月曜日に会おう」と言う場合、正しくは I'll see you **on** Monday. ですが、**日常会話では I'll see you Monday. もよく耳にします。on** Monday のほうがきちんとした英語なのですが、会話やニュースなどではよく省略されます。インターネット検索ヒット数を比較すると次のようになりました。

I'll see you ***on*** Monday.　　　1,630,000
I'll see you Monday.　　　　　55,500

また、on は「…の機会に」の意味でも使われます。

I am planning to visit my mother ***on*** Christmas Eve.
クリスマスイブには母を訪ねる予定だ。

● **時間の近接を示して　「…と同時に、…のすぐあとで」**
　on arrival（到着するとすぐに）や動名詞の〈on ＋動詞の -ing 形〉のように、on は「…のすぐあとで」の意味でも使われます。

George called me ***on*** his arrival at the airport.
ジョージは空港に着いてすぐ私に電話した。

ただし、この用法はかなり堅い表現になります。そのため、George called me when he got to the airport. と言うのが一般的です。

もう１例挙げます。

On the death of the president, the company was sold.
社長が亡くなり、その会社は売却された。

about

aboutは比較的理解しやすい前置詞です。基本的に「…について」の意味で使われる、と覚えておけばいいでしょう。イギリス英語では「…の近くで」「…のあたりに」と、アメリカ英語の around の代わりに使われることがあります。

● 関係を示して 「…について、…に関して」

aboutのもっとも基本的な用法で、何に関係するかを表わします。

I was thinking *about* you yesterday.
昨日はあなたのことを考えていました。

What's that all *about*?
それは一体何のこと？

> ### 「関係」を表わす about と on の違い
>
> 前置詞の on も「…について」と関係を表わします。「彼は日本の歴史に関する本を書いた」と言う時、次のどちらの文が適切でしょうか？
>
> 1. He wrote a book *about* Japanese history.
> 2. He wrote a book *on* Japanese history.
>
> この2つは英語としてどちらも間違いではありませんが、**より自然な表現は、1の about** です。2の on も間違いではありませんし、辞書には今もその用例が記載されていますが、実際のところ「…について」という意味の on は、最近あまり使われなくなっています。

He wrote a Japanese history book. と言えなくもないのですが、「歴史の教科書」と受け取られてしまう可能性があります。

また This book is **about** you.（この本はあなたについての本です）なら自然ですが、This book is **on** you. は不自然です。on の場合、a book [an article] **on** ... の形に限定されると考えていいでしょう。

about と on を比較すると、**about** のほうがより広くさまざまな状況で使えます。「ここでは about ではなく、on しか使えない」というケースはほとんどないようです。

about と on の使い方を、さらに比較してみましょう。以下の日本語の文を、この 2 つの前置詞を使って表現してみましょう。

1. 彼は犯罪に関するスピーチをした。
○ He gave a speech ***about*** crime.
○ He gave a speech ***on*** crime.

2. 彼のスピーチは何についてだった？
○ What was his speech ***about***?
△ What was his speech ***on***?　※不自然に聞こえる言い回し

1 でわかるように、より専門性を求めるものに対しては、on も about も使えます。しかし、2 でわかるように、一般的な話題に対して on を用いると、違和感があります。いずれにせよ、会話でこの用法の on を耳にすることはなくなってきています。

● **周囲を示して**　「…のあたりに、…の近くに、…のあちこちに［へ］」

辞書で about を確認すると、「…のあちこちに［へ］、…のほうぼうに［へ］」などの定義が見つかると思いますが、これは**主にイギリス英語の用法**です。**アメリカ英語では、about の代わりに、around** が使われることが多くなります。

イギリス英語とアメリカ英語の言い回しを比較しましょう。

＜イギリス英語＞

○　I walked *about* the park.

○　I walked *around* the park.

（公園のあたりを歩いた／公園をあちこち歩いた）

＜アメリカ英語＞

△　I walked *about* the park.

○　I walked *around* the park.

　I walked *around* the park. ならアメリカ英語でもイギリス英語でも通じますが、これは「公園のあたりを歩いた」か「公園をあちこち歩いた」なのかはっきりしない、曖昧な表現になることを覚えておきましょう。
　「公園をあちこち歩いた」と伝えるのであれば、I walked all around the park. などと言うのがいいでしょう。

of

前置詞 of には、同等の「の」、数量の「の」、部分の「の」、性質の「の」、日付の「の」など、あるものに付属する、あるいはあるものに所有される、というイメージがあります。この前置詞は、前後の語の関係性に注目すると、より具体的に意味をつかみやすいでしょう。

● 所属・所有を示して「…の、…の所有する」

of は、人やものの所属や所有関係を表わします。

I'm a member **of** the tennis club.
私はそのテニスクラブの会員です。

The legs **of** this table aren't strong enough.
このテーブルの脚は十分に強くない。

I really like the scent **of** this flower.
この花の香りが大好きだ。

The Queen **of** England is thinking about retiring.
イギリスの女王は退位を考えている。

I'm **of** Scottish descent.
私はスコットランドの血をひいている。

She's the daughter **of** the prime minister.
彼女は首相の娘だ。

「彼女は首相の娘だ」と言う場合、She's the daughter *of* the prime minister. のほか、She's the prime minister's daughter. と言うこともできます。では英語として、どちらが適切でしょうか？

どちらも英語として間違いではありません。ただし、She's the daughter *of* the prime minister. のほうが表現が大げさなので、「彼女は首相の娘だぞ（すごいだろう？）」と強調した感じになります。

一方 She's the prime minister's daughter. は、事実を述べるのみの気軽な表現です。状況に応じて使い分ければいいでしょう。

● 部分を示して　「…の（一部分）、…の中の、…のうちの、…の中から」

some *of* ...（…のうちのいくつか）や one *of* ...（…のうちの1つ）のように、of は集団の中の一部を表わします。

Some *of* the people in my company complained about the new policy.
会社の何人かが新しい方針に文句を言った。

Which *of* you is younger?
きみたちはどっちが若いの？

Winter is the coldest season *of* the year.
冬は1年の中でいちばん寒い季節です。　※最上級＋ of ...「…の中でいちばん〜」

「部分」を表わす of と among の違い

上の例文の最後に最上級の用例を示しました。最上級＋ among ... も「…の中でいちばん〜」という意味になります。では、「これがいちばん大きな島です」と言う場合、次のどちらの文が適切でしょうか？

1. This is the largest *of* the islands.
2. This is the largest *among* the islands.

いずれも英語として自然です。しかし、このような言い回しの場合、圧倒的に1の of が使われます。among も間違いではないのですが、不自然に感じるネイティブがやや多いようです。

通常 among は、3つ以上のものを比較の対象とする場合に用います。一方、of はそのような決まりがないため、「…の中で」と言う場合、より気軽に使えます。そのような理由から、of が好まれるのかもしれません。インターネット検索結果も、以下のとおりとなりました。

　　largest **of** the islands　　　3,740,000
　　largest **among** the islands　　18,700

● 同格関係を示して　「…の、…という、…である」

　of は、the name **of** Tanaka（田中という名）や the city **of** Manchester（マンチェスターという都市）のように、同格を表わします。

　of の前後は、基本的に同じものを指しています。したがって、the difficulty **of** delivering it on time（それを時間どおりに届けるむずかしさ）や、the fact **of** her being a teacher（彼女が先生である事実）といった言い方もします。

　では、次の用例はどうでしょうか？

My parents live in the state **of** Washington.
私の両親はワシントン州に住んでいる。

　この同格の of は、強調のために使われます。その名前を、ほかにもあるであろう同じ名前と区別するために、用いられます。Washington と言えば、ワシントン州のほか、首都ワシントン（正しくは Washington, D.C.）があります。この2つを区別・強調したい場合、同格の前置詞 of を使って、the state **of** … や the city **of** … などと表現するのです。

　そのため、I live in the state **of** California.（私はカリフォルニア州に住んでいる）は不自然とは言えませんが、まず使いません。通常は I live **in**

California. と言えば十分です。同格の of をもう少し見てみましょう。
次の言い方も同格の of の用法です。

George is an old student ***of*** mine.
ジョージは私の昔の教え子だ。

これは **an old student** と **my old student** を1つにまとめた表現であり、an old student = my old student の関係が成り立っています。
では、以下の2つの文の違いはわかりますか？

1. Tom is a friend ***of*** mine.
2. Tom is my friend.

いずれも「彼は私の友だちだ」という意味で英語として問題ありませんが、ニュアンスがやや異なります。**He's a friend *of* mine.** は厳密に言えば、「彼は私の友だちの中の1人だ」となり、「ほかにも友だちがいる」という意味合いが強くなります。
しかし、**He's my friend.** なら、単に「彼は私の友だちだ」となり、ほかに友だちがいるかどうかは特に言及しません。
ちょっと話が逸れるかもしれませんが、なぜこうした微妙にニュアンスの異なる表現が存在するのか、ここで少し考えてみましょう。
英語の場合、普通は説明的な内容が最初に示されます。上の1と2であれば、1の **Tom is a friend *of* mine.** が最初の情報になるでしょう。そのあと、たとえば人名を代名詞で言い換える（Tom → He）、さらには情報を簡素化する、といったことがなされます。つまり、まずは **Tom is a friend *of* mine.** と説明してから、**He's a friend *of* mine.** → **He's my friend.** と言い換えていくことになります。
もう1つ例を挙げましょう。「いとこの友人から噂を聞いた」と言うなら、どのように表現すればいいでしょうか？

I heard a rumor from a friend *of* my cousin.
= I heard a rumor from a friend *of* my cousin's.

　ここでは、a friend *of* my cousin, a friend *of* my cousin's のどちらも使えます。インターネット検索結果も次のようになりました。

　a friend *of* my cousin　　1,400,000
　a friend *of* my cousin's　　215,000

　どちらも英語として自然ですが、簡単さから a friend *of* my cousin のほうが好まれるようです。しかし「父のいとこの友人」と言う場合、a friend *of* my father's cousin's とは言いません。この場合、a friend *of* my father's cousin となります。

● 性質・特徴などを示して　「…の性質［特徴］を持った、…である、…の」
　a person *of* ability（才能のある人）や a man *of* one's word（信頼できる人）のように、of はその人［もの］の性質や特徴を表わします。

Pam is a person *of* importance.
パムは重要人物だ。

Sam is a man *of* action, so he'd make a good manager.
サムはやり手だから、やりくり上手になるだろう。

　〈of ＋ 名詞〉で、形容詞と同じ意味を表わすことができます。

Money is *of* no importance.
お金は重要ではない。

　Money is no important. と言っても意味的には同じですが、Money is *of* no importance. のほうが堅い表現で、より大事なことを言おうとしているこ

とが伝わります。

● 原料・材料を示して　「…から、…で（作った）、…を使って」
　a dish *of* wood（木のうつわ）や a spoon *of* silver（銀のスプーン）のように、of は原料や材料も表わします。しかし今ではあまり使われない言い回しのため、古い英語に聞こえます。

　He lives in a house *of* brick.
　彼はれんが造りの家に住んでいる。

　今では、He lives in a brick house. と表現するのが一般的です。
　では、「皮革製の手さげかばんを買った」と言う時、次のどちらが適切な英語になるでしょうか？

　1. I bought a briefcase made *of* leather.
　2. I bought a briefcase *of* leather.

　2 と答える人が多いでしょうが、正解は 1 です。I bought a briefcase *of* leather. も英語として正しいのですが、上の例のように、やや古い英語に聞こえるため、あまり使われません。
　同様に「これは金の指輪です」と言う場合、一般的なのは This is a ring made *of* gold. や This is a gold ring. です。This is a ring *of* gold. は小説などに出てきそうなフレーズですが、実際はまず使われません。

● 数量・分量を示して　「…の量の、…分の」
　a slice *of* ham（ハム 1 切れ）や a sheet *of* paper（紙 1 枚）, a pile *of* CDs（山ほどの CD）のように、of で数量・分量を表わします。

　I bought three kilos *of* onions.
　3 キロのタマネギを買った。

How many cups *of* coffee did you drink?
コーヒーを何杯飲んだ？

Do you have a piece *of* paper I can use?
使ってもいい紙はある？

　数の数え方は、決まり文句として覚えるといいでしょう。特に不可算名詞の数え方には注意が必要です。飲み物といえば **cup(s) *of* ...，glass(es) *of* ...，**紙といえば **piece(s) *of* ...** と、即座に対応できるようしておきましょう。

● 日付を示して　「…の」
　the 25 *of* February（2月25日），あるいは the first *of* January（1月1日）のように、日付を表わすのに of を用います。

She was born on the 9th *of* August.
彼女は8月9日に生まれた。

　では、「6月1日に出発しなくてはいけない」と言う時、次のどれが適切な英語になるでしょうか？

1. We need to leave on the 1st *of* June.
2. We need to leave June 1st.
3. We need to leave on June 1st.

　いずれも適切な英語に聞こえます。ただし、会話では on が省略された2の We need to leave June 1st. が多いのですが、本来の正しい表現は3です。相手が聞き間違えないように強調するならば1の We need to leave on the 1st *of* June. になります。状況に応じて、使い分けるといいでしょう。

● 距離を示して 「…から離れて、…から」

5 miles east **of** Okinawa（沖縄の東5マイル）や walking distance **of** one's house（家から徒歩圏内）など、of で距離を表わします。この場合、of の前にはよく north, south などのような**方位を表わす語**がきます。

I want to live within walking distance **of** the station.
駅徒歩圏に住みたい。

では、次の例文を前置詞に注意して日本語にすると、どうなるでしょう？

1. I live a little south **of** Los Angeles.
2. I live in the south **of** Los Angeles.
3. I live in the southern part **of** Los Angeles.

ネイティブの解釈はこうです。

1. 私はロサンゼルスから少し南のほうに住んでいる。
2. 私はロサンゼルスの南に住んでいる。
3. 私はロサンゼルス南部に住んでいる。

1の a little south **of** Los Angeles の of は、「…から（離れて）」と距離の隔たりを意味します。そのため、住んでいるのは「（ロサンゼルスではなく）ロサンゼルスより南の方面」になり、2や3とは意味が異なります。2と3は基本的に同じ意味ですが、2はただ単に「ロサンゼルスの南」と言っているのに対し、3は「ロサンゼルス南部」とやや堅い表現になります。一般的な会話では断然2のほうが多くなります。インターネット検索結果は、以下のとおりです。

in the south **of** Los Angeles	115,000
in the southern part **of** Los Angeles	46,900

> ### 「距離」を表わす of と from の違い
>
> 次の例文を of と from に注意して日本語にすると、どうなるでしょうか？
>
> 1. I live north *of* the city.
> 2. I live north *from* the city.
>
> 実は、いずれも「私は町から離れた北の部分に住んでいる」となります。両方ともネイティブは使いますが、本来、正しいのは距離の of を用いた 1 の表現です。インターネットの検索結果も、以下のようになりました。
>
> north *of* the city　　　21,700,000
> north *from* the city　　 1,280,000

● 分離を示して　「…を取り除いて、…を奪い取って」

of は「付属・所有」の基本イメージとは反対の**分離**も表わし、「…を取り除いて」の意味でも使われます。free *of* cost であれば、「料金を取り除いて」→「無償で」というイメージです。

We cleared the road *of* snow.
私たちは道路から雪を取り除いた。

This magazine is free *of* charge.
この雑誌は無料だ。

では「人工着色料のない」と言う時、次のどちらが適切な英語になるでしょうか？

1. free *of* artificial coloring

2. free *from* artificial colors

どちらも一般的に使われています。しかし、より強調した表現となるのは2の free *from* で、より日常的に使われているのは1の free *of* です。インターネット検索結果は、以下のとおりです。

free of artificial coloring　　287,000
free from artificial coloring　65,500

ただし、This drink is free *of* sugar. とはあまり言わず、This drink is sugar-free.（この飲み物は砂糖抜きです）という言い方が一般的です。文法的には free *of* fat や free *of* sugar が正しいのですが、普通は fat-free や sugar-free と言います。
　また、「分離」の of は「…を奪い取って」という意味にもなります。

I was robbed *of* everything I had.
　私は所持品をすべて盗まれた。　※ be robbed of ... 「…を盗まれる」

● **主語の関係を示して**　「…の、…の行なう、…による」
〈名詞 + of + 名詞〉の語順で、of のあとの名詞が of の前の名詞の意味上の主語であることを示し、「…の（行なう）、…による」の意味で使われます。
　たとえば、the falling *of* rocks（岩が落ちること、落石）や novel *of* Haruki Murakami（村上春樹の［が書いた］小説）では、rocks と Haruki Murakami が、それぞれ falling と novel の意味上の主語となります。

I introduced the speakers at the start *of* the seminar.
　セミナーのはじめに話者を紹介した。

I learned about the writings *of* Marx in college.
　大学でマルクスの著作について学んだ。

「マルクスの著作」は Marx's writings でいいのですが、この例文のように writings **of** Marx と表現すると、マルクスが書いたことが強調されます。

● 目的語の関係を示して 「…を」
〈名詞 + of + 名詞〉の語順で、of のあとの名詞が of の前の名詞の意味上の目的語であることを示し、「…を」の意味で使われます。
たとえば、research **of** ES cells（ES細胞の研究）や kidnapping **of** children（子供の誘拐）では、ES cells と children が、それぞれ research と kidnapping の意味上の目的語となります。

The murder **of** the politician was big news.
政治家の殺害は大ニュースだった。

所有の 's を用いて The politician's murder ... でもいいのですが、上の例文のように The murder **of** the politician ... と表現したほうが、政治家が殺されたということが強調されます。

● 〈It [That] is [was] ... of +人（+ to 不定詞）〉で行為・状態の主体を示して 「人が（～するのは）…だ」
〈It [That] is [was] ... of +人+ to 不定詞〉の語順で、**行為や状態の主体**を示して、「人が～するのは…だ」の意味で使われます。
... の部分には、kind や honest といった**性質を表わす形容詞**が入ります。

It was so kind **of** you to let her use your car.
自分の車を彼女に使わせてあげたなんて、あなたはとても親切だ。

to 不定詞以下が省略されることもあります。

Thank you! That's so kind **of** you.
ありがとう！　あなたはとても親切だ。

この言い回しは決まり文句としてよく使われます。for の「〈for ＋ 人 ＋ to 不定詞〉で行為・状態の主体を示して」(89 ページ) の用法とあわせて覚えるといいでしょう。

● 原因を示して 「…で、…のために」

die *of* disease（病気で死ぬ）のように、of は原因を表わします。

She died *of* cancer.
彼女はガンで亡くなった。

We are not ashamed *of* our poverty.
われわれは貧乏だからといって、恥じることはない。

「原因」を表わす of と from の違い

「彼は心臓の発作で死んだ」と言う時、次のどちらが適切な英語になるでしょうか？

1. He died *of* a heart attack.
2. He died *from* a heart attack.

実はいずれも日常的に使われており、どちらも文法的に問題ありません。しかし一般的には、1 の言い回しがよく使われます。インターネット検索結果は、以下のとおりです。

died *of* a heart attack	3,770,000
died *from* a heart attack	616,000

die *of* も die *from* も死の「原因」を示しますが、die *of* は「病気」のような直接的な原因で、die *from* は「事故やけが」のような間接的な原因で亡くなる場合に多く使われます。

by

by は少しやっかいな前置詞かもしれません。by というと、日本人のみなさんは、まず受身形の「…によって」を思い浮かべるかもしれません。しかし、この前置詞は、ほかにも時間や場所、方位、数量、乗法・除法など、さまざまな意味で使われます。

● **動作主を示して　「…によって、…による」**

まずはおなじみの用法から。by は**動作主**を表わして、**受動態**で用いられます。

The light bulb was invented **by** Thomas Edison.
白熱電球はトーマス・エジソンによって発明された。

この by のあとは、人だけでなく、ものが来ることもあります。

Everyone was shocked **by** what you said.
あなたの発言に誰もがショックを受けた。

「動作主」を表わす by と with の違い

次の例文のうち、適切な英語になるのはどちらでしょうか？

1. The house was hit **by** lightning.
2. The house was hit **with** lightning.

この場合、1 の The house was hit **by** lightning.（その家に雷が落ちた）が適切となり、2 の × The house was hit **with** lightning. は不適切となります。**by** の動作主は人もものも可能ですが、**with** は道具や手段に対して用います。

では、次の例文を前置詞の違いを出して日本語にすると、どうなるでしょうか？

1. I was hit **by** a rock.
2. I was hit **with** a rock.

ネイティブの解釈はこうなります。

1. 石があたった。
2. 石を（誰かに）あてられた。

この2つの例文は、意味的に異なります。1の I was hit **by** a rock. は、人から石をあてられたのではなく、石が落ちてきて、あたったイメージになります。rock（石）はものですが、「動作主」なので、by を用います。一方2の I was hit **with** a rock. は、人が石を投げてあたったイメージです。この場合の rock は「道具」なので、by ではなく with となるのです。どちらも英語として自然ですが、意味が違うために、使う前置詞が異なります。

● 手段などを示して 「…によって、…で」

by e-mail（メールで）や **by** bike（自転車で）のように、by は**手段**などを示します。この場合、あとにつづく名詞は普通、**無冠詞**となります。go to school（通学する）などと同じで、**そのものの機能に焦点がある**ためです（⇨ 37ページの「in のあとが無冠詞なのはどんな場合？」も参照）。

You can reach me **by** phone anytime.
電話ならいつでも私と連絡が取れます。

Would you like to pay **by** credit card?
クレジットカードでお支払いですか？

この場合、Would you like to pay **with** a credit card? ならほぼ同じ意味になりますが、Would you like to pay **with** credit card? とは言えません。前置詞によって冠詞の有無が変わるので気をつけましょう。

I don't like to travel **by** air.
飛行機で旅行したくない。

　動詞が travel の場合、移動の手段として by car, by bus, by plane, by train, by ship なども使えます。

「手段」を表わす by と in の違い

では、次の場合、どれが適切な英語になるでしょう？

1. Let's go *in* my car.
2. Let's go *by* my car.
3. Let's go *by* car.

ネイティブの感覚ではこうなります。

○　Let's go *in* my car.
×　Let's go *by* my car.
○　Let's go *by* car.

「私の車に乗って行こう」と言うのであれば、正解は2ではなく1になります。「私の車に乗って」ならば、手段の by ではなく、特定の車の「中」を示す *in* my car と表現すべきだからです。
　一方、単に「車で行こう」ならば、移動手段を表わす3の **by** car が正解です。このように、ちょっとした表現の違いで、使う前置詞も変わります。

by chance（たまたま）や ***by*** accident（偶然に）など、by ＋無冠詞の名詞［動名詞］で表わされる決まり文句も、「**手段**」の意味で使われます。

I pushed Linda ***by*** mistake.
誤ってリンダを押してしまった。

I did well on the test just ***by*** luck.
運よくテストでいい点が取れた。

I think we can save money ***by*** buying our own copy machine.
うち用のコピー機を買えば節約できると思う。

● 近い位置を示して　「…のそばに［の、を］、…の近くに［の、を］」
　by the sea（海辺に）や stand ***by***（そばに立つ）のように、by は位置的にすぐそばにいることを表わします。

Why does your cat always sit ***by*** the window?
きみの猫はどうしていつも窓のそばに座っているの？

　「…のそばに」の類義語として、ほかに beside, near, next to などが挙げられます。感覚的に近いと思われるものから順に挙げれば、next to / by ＞ beside ＞ near といったところでしょうか。
　by は「すぐかたわら」というイメージで、「隣」を意味する next to もほぼ同じような近さです。ただ、by の場合は「近くに」という意味にも取れます。**beside** は左右の「横」の関係で「すぐそば」にいることを表わし、**near** はすぐそばというよりは「近くに」という感覚になります（⇨ 15 ページの＜「対向関係」を表わす to と near, by, with の違い＞も参照）。

「近い位置」を表わす by と next to の違い

次の2つの例文のうち、英語としてより適切なものはどちらでしょうか？

1. I'll sit **by** you.
2. I'll sit **next to** you.

by も next to も「すぐ隣」を表わし、位置的にはほぼ同じ意味合いで使われます。しかし、**by** は2つの異なるものに対して使うイメージの強い語です。そのため We stayed at a hotel **by** the sea.（私たちは海辺のホテルに滞在した）なら、「海」と「ホテル」という異質のものに対して使っているため、まったく違和感はありません。

一方、**next to** は隣り合わせにある同じようなもの、というイメージがあります。そのため「私があなたの隣に座るよ」と人が隣同士になるのであれば、断然2が適切となります。インターネット検索結果も以下のようになりました。

sit **by** you　　　　　60,000
sit **next to** you　　　716,000

では、「海辺のホテル」と言う時、次のどちらが適切な英語になるでしょうか？

1. a hotel **by** the sea
2. a hotel **next to** the sea

ホテルと海はまったく異なるものですから、この場合は next to より by のほうが適切です。インターネット検索結果も以下のようになりました。

a hotel **by** the sea　　　　201,000
a hotel **next to** the sea　　66,100

「すぐ隣」は、比較するものによって前置詞を使い分けるといいでしょう。

「位置」を表わす by, with, behind の違い

では、次の例文を、前置詞の意味に注意して日本語にすると、どうなるでしょう？

1. I'll stand *by* you.
2. I'll stand *with* you.
3. I'll stand *behind* you.

ネイティブの解釈はこうなります。

1. あなたのそばにいます（寂しくないように）。
2. あなたと一緒にいます（あなたと同じ見方をして一緒に戦います）。
3. あなたのそばにいます（あなたを陰で支えます）。

　英語としては、どれを使っても間違いではありません。上に示したように、「あなたのそばに立つ」だけでなく、「あなたを支持する［応援する］」といった意味も表現します。
　もっとも一般的な表現は、1 の stand *by* you で、これは「（寂しくないよう）あなたのそばにいます」となります。2 の stand *with* you は、「あなたと（同じ見方をして）一緒に戦います」と、自分は味方であると強調した言い方になります。3 の stand *behind* you は、表立って一緒に戦うより陰で応援するというニュアンスが強くなります。ただしこの違いは微妙で、ネイティブでも解釈は人によりけりです。おそらく、人に言われていちばんうれしいのは、2 の I'll stand *with* you. でしょう。
　インターネット検索結果は、以下のようになりました。

```
stand by you        2,710,000
stand with you      2,220,000
stand behind you      124,000
```

● 通過・経路を示して 「…のそばを（通って）、…を過ぎて、（道など）を通って」
　by は通過・経路を示す際も使われます。「…のそばを、…を過ぎて」と「（道など）を通って」の両方の意味で用いられるので、注意しましょう。
　「そばを（通って）」という意味合いでは、次のように使われます。

Does this bus go *by* the zoo?
このバスは動物園のそばを通りますか？　※ go past でも同じ意味になる

I drove *by* a building (that was) on fire today.
私は今日火事があったビルのそばを車で通った。　※ drive past でも同じ意味になる

　「（道など）を通って」という意味では、次のように用いられます。

I'd like to go *by* the nearest road.
いちばん近い道を通って行きたい。

I came *by* the highway.
幹線道路を通って来た。

● 方位を示して 「…寄りの」
　north *by* northeast（北北東）のように、by は「…寄りの」と方位も示します。

We hiked south *by* southeast through the desert.
私たちは砂漠を通って南南東をハイキングした。

● 期限を示して 「…までに(は)」
　by the time（…する時までに）や *by* the end of the month（今月の終わりまでに）など、by は時間の制限を表わします。

By the time I got there, the party was over.
私がそこに着くまでに、パーティは終わっていた。

We have to finish editing this book **by** the end of this month.
今月末までに編集作業を終えないとならない。

「期限」を表わす by と at の違い

次の例文を、前置詞の違いを出して日本語にすると、どうなるでしょう？

1. Try to finish **by** 3:00.
2. Try to finish **at** 3:00.

ネイティブの解釈はこうなります。

1. 3時までに終わらせよう。
2. 3時ぴったりに終わらせよう。

2の at 3:00 は、「3時の前やあとではダメ、3時ぴったりに」というニュアンスになるため、一般的に使われるのは1でしょう。では、次はどうでしょうか？

This project has to be finished **by** January.

「このプロジェクトは1月までに終わらせなくてはいけない」ですが、この場合、**by** the start of January（1月が始まるまでに［1月になるまでに］）か、**by** the end of January（1月の終わりまでに［1月中に］）かが曖昧です。

by だけでは曖昧なニュアンスになるため、時間の正確さが必要となる場合には別の言い方をすることが多いようです。たとえば、Try to finish **before** 3:00. なら「3時になるまでに」ですし、Try to finish **by** at least 3:00. なら「せめて3時までには」です。
前置詞をうまく使い分けて、より適切な表現を心がけるようにしましょう。

「期限」を表わす by と until の違い

「彼女は 10 時までにここへ来るでしょう」と言う時、次のどちらが適切な英語になるでしょうか？

1. She'll come here **by** 10:00.
2. She'll come here **until** 10:00.

正解は 1 です。by は「…までに」という**期限の最終点**を表わしますが、**until は継続中の動作や状態が「…までつづく」**ことを表わします。そのためネイティブは、2 の表現に違和感を覚えます。

肯定文で until を使うのであれば、She'll be here **until** 10:00.（彼女は 10 時までここにいるでしょう）のように、継続状態を表わす動詞とともに使います。

では「彼女は 10 時までここへ来ないだろう」と言う時、次のどちらが適切な英語になるでしょうか？

1. She won't come here **by** 10:00.
2. She won't come here **until** 10:00.

この場合、1 も 2 も可能ですが、ニュアンスが異なります。1 は「待ち時間の最終時刻となる 10 時までは絶対に来ず、10 時を過ぎたら来る」という意味になります。

一方 2 は、「10 時になるまでは来ないけれども、10 時ちょうどには来る可能性がある」とほのめかします。

先ほど「until は継続状態を表わす動詞とともに使う」と述べましたが、否定文の場合そのような制限もなく用いることが可能です。そのため、この 2 つはどちらも英語としては自然になります。

● 期間を示して 「…のあいだ」

by day（昼間に）や *by* night（夜中に）など、by は「**期間**」を表わします。

I study by day and work by night.
私は昼間勉強し、夜中に働く。

余談ですが、先日 "I Travel *by* Night" というタイトルの本を見つけました。しかし実際のところ、travel *by* night はかなり古い響きのフレーズで、最近は travel *at* night を使うのが一般的です。文学的な表現として、あえて *by* を使ったのでしょう。インターネット検索結果も以下のとおりです。

travel *by* night　　　67,300
travel *at* night　　　142,000

● 動作を受ける体・衣服の部分を示して 「(人［もの］の…を」

take A *by* the hand（Aの手をつかむ）など、by は catch や hold などの動作を表わす動詞とともに用いて、**その動作が影響をおよぼす部位**を表わします。

Don't grab the knife *by* the blade.
ナイフの刃をつかむんじゃない。

I took the little boy *by* the hand to the police station.
私はその小さな男の子の手をつかんで警察署に連れていった。

● 数量の程度・単位を示して 「…だけ、…の差で、…の程度まで」「…ごとに、…決めで」

by minutes（数分の差で［分単位で］）や *by* seconds（数秒の差で［秒単位で］）など、by は**数量の程度**を表わします。

I missed my flight *by* about 20 minutes.
20分ほどの差で飛行機に乗り遅れた。

Our profits dropped **by** about 20 percent.
利益が 20% ほど下がった。

また、**by** the ... で、「…ごとに、…決めで」と単位を表わします。

We can rent out that restaurant **by** the hour.
時間決めであのレストランを借りることができる。

I buy olive oil **by** the liter because it's cheaper.
安くなるから私はリッター単位でオリーブオイルを買う。

by the ... はいかにもネイティブらしい表現です。日常会話ではよく耳にする言い回しですから、ぜひ覚えてください。

● **乗法・除法、寸法を示して** 「…で（掛けて・割って）」
　Two multiplied **by** three is six.（2 × 3 = 6）のように、by は**乗法や除法**でも用います。

What's five multiplied **by** eight?
5 掛ける 8 は何？

What's 10 divided **by** two?
10 割る 2 は何？

by は**寸法**も示します。

This room is 20 feet **by** 10 feet.
この部屋は 20×10 フィートの広さだ。

This house is built with 2 × 4s.
この家はツーバイフォー工法で建てられている。

この場合、2×4で two **by** four と読みます。通常、2×4と表記します。

● 判断などの基準を示して 「…によって、…で、(規則など) にしたがって」
by law（法律により）などのように、by は判断の基準を表わします。

I can predict the weather **by** the clouds.
雲で天気を予測できる。

I knew **by** the way George talked that he was angry.
ジョージの話し方から、彼が怒っていることがわかった。

By law you need to get permission from a judge.
法律に基づいて裁判官から許可を得る必要がある。

● 関係を示して 「…については、…に関して言えば、…の点では、…は」
by name（名前は）や **by** nature（生まれつき）など、by は「ある点に関しては」という意味合いで用いられます。by のあと、無冠詞で名詞がつづくことに注意してください。

It seems like Sam is angry **by** nature.
サムは生まれつき怒っているように見える。　※ by nature「生まれつき」

I know that guy over there **by** sight, but I don't know his name.
向こうにいる男の顔は知っているが、名前は知らない。　※ by sight「外見［顔］は」

Linda is a doctor **by** trade.
リンダの職業は医師です。　※ by trade「職業は」

この場合、Linda is a doctor *by* profession. という表現もよく使います。

● **誓言・祈願を示して** 「(神) の御名にかけて、(神) に誓って」
　God や Heaven などの対象に限り、「…にかけて」と宣誓する場合に by が使われることがあります。

I swear *by* God that I'll get revenge.
　神にかけて復讐すると誓う。

for

forの基本的なイメージは、「面と向かって」です。「…のために」と正面切って目的を表わしたり、「…を代表して」と代理であることを表明したり、「…行きの」と方向を明確にしたりする用法などがあり、すべて同じイメージからの派生と考えられます。比較的、「素直な前置詞」と考えていいでしょう。

● 利益を受ける対象・受け取る対象を示して 「…のために」

make A **for** B（BのためにAを作る）や **for** oneself（自分のために）などの形で、forはあとにつづく人に対する利益や影響を表わします。

There's an honorarium **for** you.
あなたに謝礼です。

I bought a bicycle **for** my son.
私は息子に自転車を買ってあげた。

I have to cook **for** my family.
私は家族のために料理しなくてはいけない。

We have to provide food and water **for** victims at the disaster.
被災者のために食料と水を供給しなければいけない。

I need you to do something **for** me.
ちょっとお願いがあるんだけど。

Could you say that again **for** me?
もう1度言ってくれますか？

Were there any calls *for* me?
私あての電話はあった？

　Could you say that again? でも問題はありませんが、for me を付けると「私の理解が悪くて…」という含みになります。Could you say that again? だけだと、「あなたの話し方がよくないから理解できない」と誤解される恐れがあります。何かを依頼する時は、*for* me を付けたほうがより細やかな気遣いを表わせるでしょう。

> ### 「受益対象」を表わす for と to の違い
>
> 　受益対象を表わす前置詞に for と to がありますが、次の2つの文の違いはわかりますか？
>
> 1. Alice sang *for* me.
> 2. Alice sang *to* me.
>
> 　いずれも日本語にすれば「アリスは私に歌を歌ってくれた」ですが、イメージが多少異なります。1の sing *for* me は「私のために」と相手を思いやる恋人同士のイメージですが、2の sing *to* me は大人が子供に子守り歌を歌うようなイメージです。
> 　たとえば、ホワイトハウスで大統領に歌を披露するならば、He sang *for* the President. で、to は使わないでしょう。この感覚が、for と to の違いです。
> 　また、「受益対象」の意味から派生して、「(勤務先などに) 雇われて、…に資するために」の意味でも使われます。
>
> John works *for* a large computer company.
> ジョンは大手のコンピュータ会社で働いている。

● 用途・適合などを示して 「…向きに［の］、…用に［の］、…に適した」

「受益対象」のイメージから派生して、「…に適した」「…用の」と対象を限定する際にも for は使われます。

That company makes tools *for* carpenters.
あの会社は大工用の道具を作っている。

That movie wasn't *for* me.
あの映画は私の好みではない。

I'm not the right person *for* the job.
私はその仕事に適していない。

● 関連・関係を示して 「…については、…に関しては、…の点では」

for that matter（そのことに関して言えば）や *for* one thing（1つには）など、for はものごとに対する関連・関係を表わします。

There are a lot of reasons I don't want to go. *For* one thing, I have an important deadline. (*For* another, those meetings aren't productive.)
行きたくない理由はたくさんある。1つには、重要な締切りがある（もう1つの理由として、その会議は非生産的だからだ）。

Unfortunately *for* him, he wasn't chosen.
残念だが、彼は選ばれなかった。

unfortunately *for* A（A にとっては残念だが）は、「A には残念だが、ほかの人にとっては運がよかった」という場合の言い回しです。「（自分も含めて）残念だが」と表現するなら、Unfortunately, he wasn't chosen. となります。

「関連・関係」を表わす for と about の違い

次の例文を、前置詞の違いを出して日本語にすると、どうなるでしょうか？

1. I'm concerned *for* your future.
2. I'm concerned *about* your future.

ネイティブの解釈はこうなります。

1. あなたの将来があるかどうか心配だ（生きるか死ぬか心配だ）。
2. あなたの将来が気になる。

　1の I'm concerned *for* your future. の場合、生きるか死ぬかを案じる表現ですが、具体的に I'm concerned *for* your future in politics. なら「あなたの政治家としての将来が心配だ」となります。一方、2の I'm concerned *about* your future. はそこまで深刻ではなく、「大丈夫かな」と気になる程度のニュアンスになります。

concerned *for* your future	49,000
concerned *about* your future	318,000

　インターネット検索結果から判断すると、1は深刻すぎるためさほど使われず、気軽なニュアンスの2のほうが頻繁に使われるようです。

● 目的・追求・準備などを示して 「…のために、…をしに、…を得るために、…を求めて、…に備えて」

for sale（売るために）や make room **for** ...（…のためにスペースを空ける）など、for は目的を表わします。

Do you want to go **for** a walk?
散歩に行きたい？

I mostly use the Internet **for** research.
= I mostly use the Internet to do research.
私は主に調査のためにインターネットを使う。

What did Linda do that **for**?
リンダはなぜそんなことをしたの？

「目的」を表わす for と to の違い

「自転車を直すのにドライバーを買った」と言う時、次のどちらの文が適切でしょうか？

1. I bought a screwdriver **for** fixing my bicycle.
2. I bought a screwdriver **to** fix my bicycle.

正解は 2 です。1 の a screwdriver **for** fixing my bicycle は「私の自転車を直すために作った道具」という意味合いがあるので、「あなたの自転車だけを直すための道具が売られていたの？」と誤解されるかもしれません。

一方、2 は日本語文どおりの意味になりますが、これは前置詞ではなく不定詞の to で「直すための」と目的を表わします。I bought a screwdriver **to** fix my bicycle. This tool was made **for** fixing bicycles.（自転車を直すためにドライバーを買った。この道具は自転車を修理するために作られたものだ）とすれば、1 の for も自然な英語となります。

では、次の例文を前置詞の違いを出して日本語にすると、どうなるでしょうか？

1. I joined a gym *for* losing weight.
2. I joined a gym *to* lose weight.

ネイティブの解釈はこうなります。

1. やせるためのジムに入った。
2. やせるためにジムに入った。

非ネイティブですと、つい両方とも「やせるためにジムに入った」としてしまいがちですが、1 の for は gym の目的を表わします。一方、2 の to は不定詞で joined a gym 全体の目的を表わします。

さらに for は、「…を求めて」「…を手に入れようと」と、具体的に必要なものの**追求や獲得**を表わします。

Quick! Call *for* help!
早く！ 助けを呼んで！

Could you go to the market *for* some vegetables?
野菜を買いに市場まで行ってくれる？

また prepare for ...（…に備える）、study for ...（…のための勉強をする）のような言い方で、for は何かに対する**準備**も示します。

Do you want me to prepare *for* the meeting?
会議の準備をしたほうがいい？

● 〈for ＋人＋ to 不定詞〉で行為・状態の主体を示して 「人が[にとって]〜するのは」

〈It is ... for ＋人＋ to 不定詞〉（人にとって〜するのは…だ）の仮主語構文や、〈for ＋人＋ to 不定詞〉（人にとって〜するのは）などのおなじみの用法で for は行為の主体を表わします。

It's important **for** us to finish this project on time.
このプロジェクトを時間どおりに終わらせるのが重要だ。

There's no need **for** us to worry. I'm sure we'll pass the inspection.
心配ない。きっと検査に合格するよ。

● 〈too ＋形容詞［副詞］〉や〈形容詞［副詞、名詞］＋ enough〉のあとで対象を示して 「…にとって（は）」

It's too small **for** me.（それは私には小さすぎる）のような形で、対象となる人を表わします。

That shirt was too small **for** me.
そのシャツは私には小さすぎた。

It's a little too expensive **for** me.
それは私には少し高すぎる。

また、large enough **for** us（私たちには十分大きい）のように、<形容詞［副詞、名詞］＋ enough for ... >の形でもよく用いられます。

The room was large enough **for** us.
その部屋はわれわれには十分な大きさだった。

There's enough electricity **for** us all.
みんなに間に合うだけの電気がある。

● 指定のもの・日時などを示して「…用に、…に［の］、…を祝うために」
　for は指定のものや日時、記念日などに対して用いられます。

I'd like to reserve a table *for* five at 7:00.
7時に5名で予約したいのですが。

The next meeting is scheduled *for* July 28.
次の会議は7月28日に予定しています。

She gave her son a pair of soccer cleats *for* his birthday.
彼女は息子の誕生日の祝いにサッカーのスパイクを贈った。

● 代表・代理を示して　「…を代表して、…の代わりに」
　speak *for* ...（…を代弁する、…を代表する）や stand *for* ...（…を表わす）など、for は何かの代わりとなるものを表わします。意外と知られていないのですが、ビジネスでよく使う用法です。次のような言い回しは、ぜひ覚えてください。

I'm not speaking *for* my company.
これは会社のオフィシャルな意見ではない。

Can you cover *for* me tomorrow?
明日、私の代わりに仕事をやってくれる？

Does ABS stand *for* Automatic Braking System?
ABS社は Automatic Braking System の略称？

● 目的地・行き先を示して　「…行きの、…に向かって」
　train *for* Tokyo（東京行きの列車）や head *for* ...（…に向かう）など、for は進行方向を表わします。

This train is *for* Chicago.
この列車はシカゴ行きです。

これは This train is bound *for* Chicago. とも言うことができます。しかし、一般的に使われているのは、This train is going to Chicago. です。

「目的地・行き先」を表わす for と to の違い

では、次の2つの例文を、前置詞の違いを出して日本語にすると、どうなるでしょう？

1. I'm headed *to* Europe.
2. I'm headed *for* Europe.

ネイティブの解釈はこうなります。

1. 私はヨーロッパを目的地として向かっている。
2. 私はヨーロッパに向けて移動している途中だ。

いずれも適切な英語で、同じような意味合いになります。違いを言えば、1の to Europe は「ヨーロッパが到着地だ」、2の for Europe は「ヨーロッパへ向かう途中だ」というイメージが強くなります。

そのため、I went on a trip *to* Europe.（私はヨーロッパを目的地として旅した）は適切な英語ですが、I went on a trip *for* Europe. とは言いません。また、I started *for* home. なら「帰路についた［家に帰る途中だった］」となるのです。

しかし、このイメージがどのような場合にも使えるかと言うと、そうではありません。I'm headed *to* the bank.（私は銀行に向かっている）は適切な英語ですが、I'm headed *for* the bank. とは言いません。to は距離の遠近にかかわらず使えますが、for は主に遠い場所に対して使うからです。leave *for* Paris（パリに向けて出発する）などはその好例です。

インターネット検索結果から、一般的には1の到着地の意味合いで使われることが多いのがわかります。

headed *to* Europe	186,000
headed *for* Europe	56,700

● 距離・時間の長さを示して 「…の間」

for miles（何マイルも）や *for* a while（しばらくのあいだ）など、for は距離や時間の長さを表わします。

They drove *for* miles.
彼らは何マイルも運転した。

Let me think about that (*for*) a few minutes.
数分、考えさせて。

We stayed in New York *for* three nights.
私たちはニューヨークに3泊した。

上の文は、for を省略して We stayed in New York three nights. とも言えます。文書の場合 for を入れることが多いでしょうが、気楽な会話では省くことのほうが多いです。ただし一般的に、否定文では省略されません。インターネット検索結果は、次のようになりました。

stay *for* three nights	160,000
stay three nights	68,600

● 賛成・支持を示して 「…に賛成して、…を支持して」

vote *for* …（…に投票する）や I'm *for* you.（私はあなたの味方です）などの形で、for は対象となる人やものへの賛成や支持を表わします。

Are you *for* or against Jack's proposal?
ジャックの提案には賛成、それとも反対？

Who did you vote *for* in the election?
選挙では誰に投票した？

● 理由・原因を示して　「…のために、…のゆえに」
　be famous for ...（…で有名だ）や for some reason（ある理由で）など、for は理由や原因を表わします。

I don't blame you *for* wanting to quit.
あなたがやめたがったからといって責めたりはしない。

For this reason, I think we need to withdraw from China.
こういう理由で、われわれは中国から撤退する必要があると思う。

● 対比・比較を示して　「…にしては、…のわりに」
　for one's age（年のわりに）や *for* the price（値段のわりに）など、for は普通の状態と比較して異なることを表わします。

It's really warm *for* this time of the year.
この時期にしてはとても暖かい。

● 交換・代償・報酬を示して　「…の代わりに、…に対して」
　give A *for* B（B の代わりに A をあげる）などの形で、for は「交換・代償」などを示します。

I gave Sam a book *for* this CD.
サムにこの CD の代わりに本をあげた。

　buy ... *for* ～（…を～の料金で買う）や charge *for* ...（…の料金として請求する［料金の請求］）, check *for* $100（100 ドル分の小切手）などの言い方もよくします。

Do you think I could buy a new computer *for* 600 dollars?
600 ドルで新しいコンピュータが買えると思う？

The restaurant charged me 50 dollars *for* breakfast.
あの店は朝食代に 50 ドル請求した。

We don't charge *for* shipping.
運賃はいただきません。

charge for, check for のように、＜名詞＋ for ＞の形もよく用いられます。

There's a two-dollar charge *for* each phone call you make.
電話をするたびに 2 ドルかかります。

We require 500,000 yen in advance, then you'll need to send us a monthly payment *for* the rest of the amount.
前金で 50 万円いただきます。その後、残額を毎月お送りください。

● **相当を示して 「…として」**
　for は「…として」の意味で、choose や mistake などの動詞と一緒によく使われます。

They chose him *for* their new leader.
彼らは彼を新しいリーダーに選んだ。

I'm often mistaken *for* my brother.
私はよく兄と間違えられる。

from

from A to B（A から B へ）のように、「スタート地点」を表わすのが from のイメージです。場所や時間の起点だけでなく、原料や原因、変化など、日本語の「…から」と同じような使い方をすることが多いので、理解しやすいでしょう。

● **動作の起点を示して 「…から」**
 from A to B（A から B へ）とよく使われるように、from は**動作の起点**を示し、**そこからその動作自体が始まること**を表わします。

This bus line goes *from* the downtown area to the beach.
このバス路線はダウンタウンから海岸まで行く。

Can we walk to your office *from* the hotel?
ホテルからあなたの職場まで歩いていける？

Sally went *from* store to store buying things.
サリーはいろいろなものを買いながら、店から店へと歩いた。

● **範囲を示して 「…から（〜まで）」**
 「動作の起点」の延長として、*from* A to B（A から B まで）という言い方で、**範囲**を表わします。

We need to clean this office *from* top to bottom.
このオフィスを隅々まできれいにしないと。

The ages of the participants ranged *from* 16 to 85.
参加者の年齢は 16 歳から 85 歳までにわたった。

● **時間・順序の起点を示して　「…から」**

　from の起点・出発点のイメージは、時間や順序に対しても用いることができます。

It's really cold *from* November to March.
11 月から 3 月はとても寒い。

Sam didn't like working here *from* the first day.
サムは初日からここで働くのを嫌がった。

I read through this thick book *from* beginning to end.
その分厚い本を初めから終わりまで読み通した。

● **出どころ・根拠を示して　「…から」**

　また、from は場所や時間だけでなく、さまざまなものの出どころも表わします。具体的なものの出どころのほか、情報源や電話の発信元、所属などにも用います。

This passage is *from* Shakespear.
この一節はシェークスピアの引用です。

You can find more details *from* our website.
詳細はウェブサイトでわかります。

I got a call *from* a newspaper reporter last night.
昨晩、新聞記者から電話をもらった。

最後に挙げた例文は、「電話の発信元」になります。

> **「所属」を表わす from, at, of の違い**
>
> 次の例文を、前置詞の違いを出して日本語にすると、どうなるでしょうか？
>
> 1. I'm Taro Suzuki *from* ABC.
> 2. I'm Taro Suzuki *at* ABC.
> 3. I'm Taro Suzuki *of* ABC.
>
> 1. ABC 社からやってきた鈴木太郎です。／ ABC 社の鈴木太郎です（電話で）。
> 2. （ほかの鈴木太郎ではなく）ABC 社の鈴木太郎です。
> 3. ABC 社の一員の鈴木太郎です。
>
> いずれも自己紹介でよく使うフレーズで、適切な英語です。どれを使っても間違いではありませんが、多少ニュアンスが異なります。1の **from** ABC は遠くの会社からわざわざやってきたイメージに聞こえます。電話でもよく使われる言い回しで、電話の「距離感」が感じられる表現です。それに対し2の **at** ABC は、「ABC の…」と具体的な場所［会社名］を限定した言い方になり、3の of ABC は、「ABC 社の一員［社員］」と「所属」を強調した表現になります。ネイティブによっても受け取り方は異なり、どれも気にするほどの違いはありませんが、前置詞を変えるだけで、これだけバラエティに富んだ表現が可能になるのです。

● 原料・材料を示して「…から、…で」

be made *from* ...（…から作る）のように、from で原料を表わします。

Butter is made *from* milk.
バターは牛乳から作られる。

「原料・材料」を表わす from, of, with の違い

原料・材料を表わす前置詞には、from のほかに of と with もあります。次の例文を、前置詞の違いを出して日本語にすると、どうなるでしょうか？

1. This table is made *from* aluminum.
2. This table is made *of* wood.
3. This table is made *with* iron.

ネイティブの解釈はこうなります。

1. このテーブルはアルミニウムを加工したものだ。
2. このテーブルは木を素材にしたものだ。
3. このテーブルは鉄を使ってできている。

どれも原料・材料を表わす表現ですが、ニュアンスが異なります。1の be made *from* は加工して使われる素材を表わし、made *from* aluminum で「アルミニウムを加工したもの→アルミニウム製」です。そのため、Wine is made *from* grapes.（ワインはブドウから作る）というような言い方をします。

2の be made *of* は原料となる素材をそのまま利用したものを表わすため、made *of* wood で「木を素材にしたもの→木製」です。

一方、3の be made *with* は「…を使用して」と原料の一部を表わすため、made *with* iron で「鉄を使ってできている［作られている］」となります。

● 視点・観点を示して 「…から（見ると）」

from the air（空から見ると）や *from* the aspect of ...（…の観点から）のように、from は基準となるものを表わします。

I can see the train station *from* my office.
職場から鉄道の駅が見える。

How has seeing things *from* the author's perspective changed your own viewpoint?
著者の観点から見たものが、どのようにしてあなた自身の見方を変えましたか？

「視点・観点」を表わす from と out of の違い

視点・観点を示す前置詞は、from のほかに out of があります。次の例文を、前置詞の違いを出して日本語にすると、どうなるでしょう？

1. Linda looked out *from* the window.
2. Linda looked *out of* the window.

ネイティブの解釈はこうなります。

1. リンダは窓から外を見た。
2. リンダは窓の外を見た。

1の from の「…から」は**起点**のニュアンスが強いので、窓がその起点になり、「窓から見た」となります。一方、2の out of の「…から」は**「内から外へ」**というイメージになるため、「窓の内側から外を見た」となります。

● 隔たり・分離・除去を示して 「…から（離れて）、…から取って［離して］」

away *from* ...（…から離れて）や far *from* ...（…から遠くに）など、from は**対象となるものから遠く離れた状態**を表わします。

My office is about three hours *from* here.
職場はここから約3時間だ［3時間かかる場所にある］。

I don't live far *from* here.
ここから遠く離れて暮らしたくない。

fromの遠く離れたイメージから派生して、**分離した状態や除去した状態**も表わします。

I'm trying to remove this splinter *from* my hand.
手からとげを取り除こうとしているんだ。

Do you know what eight *from* 15 is?
15引く8は？

● 区別・相違を示して　「…から、…と」
　fromの遠く離れたイメージは、ほかとの違いも表わします。be different *from* ...（…とは違う）や tell A *from* B（AとBを区別する），know right *from* wrong（善悪をわきまえる）といった言い方もよくします。

His position is very different *from* mine.
彼のポジションは、私のポジションとは、かなり違う。

Can you tell a café latte *from* a cappuccino?
カフェラテとカプチーノの区別ができますか？

Three-year-olds don't know right *from* wrong.
3歳児は分別がない。

We have to distinguish good *from* bad.
善悪を区別しないといけない。

● 変化を示して　「…から（変わって［変えて］〜へ）」
　go *from* the red to the black（赤字から黒字になる）のように、fromは変化を表わします。

John's condition went *from* bad to worse.
ジョンの体調はますます悪くなった。

All his books have been translated *from* Japanese into English.
彼の本はすべて日本語から英語に翻訳されている。

● 原因・理由を示して 「…が原因で、…の理由で」

be tired *from* ...（…で疲れる）や die *from* ...（…が元で死ぬ）など、from は何かの**原因や理由**を表わします。

Do you know what Linda died *from*?
リンダがなぜ死んだか知ってる？

die *from* ... については、69 ページの of の「原因を示して」と〈「原因」を表わす of と from の違い〉も参照してください。

「原因・理由」を表わす from と with の違い

原因・理由を表わす前置詞として、from のほかに with もあります。「彼女は恐怖で震えている」と言う時、次のどちらの文が適切でしょうか？

1. She's trembling *from* fear.
2. She's trembling *with* fear.

どちらも英語として間違いではありません。1 の tremble *from* fear は原因を表わす from の例として辞書などにも載っていますが、実際によく使われているのは 2 の tremble *with* fear です。特にニュアンスの違いはありませんが、tremble *with* fear は決まり文句として使われています。インターネット検索結果も、次のようになりました。

tremble *from* fear	4,670
tremble *with* fear	55,550

では「彼は退屈で寝てしまった」と言う時、次のどちらの文が適切でしょうか？

1. He fell asleep *from* boredom.
2. He fell asleep *with* boredom.

この場合、1の fall asleep *from* となります。この from は、原因だけでなく、「元の状態（boredom）から分離して」という意味も含まれているかもしれません。インターネット検索結果は、以下のとおりです。

fall asleep *from* boredom	14,000
fall asleep *with* boredom	9,450

into

一見、簡単そうでいて奥が深いのが into です。「…の中に」という意味はご存じでしょうが、そこから発展して、さまざまに変化するイメージで使われます。ほんの1語でさまざまな意味で使えるため、ネイティブは句動詞で into を多用します。

● 内部への移動・運動を示して　「(外から)…の中へ、…の中に」

go *into* ...（…の中へ入る）や take A *into* B（A を B の中に連れていく）など、into は内部への移動や運動を表わします。ネイティブにとって、in と into のイメージはかなり異なります。ここではぜひ、2つの違いを感覚的に身につけましょう。

An armed robber broke *into* my house.
武装した泥棒が私の家に押し入った。

　「内部への移動・運動」を表わす into と in の違い

「彼女は工場の中へ歩いていった」と言う時、次のどちらの文が適切でしょうか？

1. She walked *into* the factory.
2. She walked *in* the factory.

in と into は、よく同じような意味と思われています。しかし、本当にそうでしょうか？実際に英文を比較して、2つの前置詞の違いを見ていきましょう。

　1の into the factory は明らかに「工場の中に入る」ですが、2の in the factory は「工場の中に入る」と「工場の中で歩く」の両方の意味に取れます。誤解のないよう適切に伝えるのであれば、ここは1を使うのが自然でしょう。

into は、「中へ」のイメージをさまざまに発展させて使うのが特徴です。in と比較してみることで、その感覚を身につけていきましょう。さまざまな状況における in とのニュアンスの違いから、into の持つイメージがはっきりするはずです。

　では、以下に示す日本語の文を英語にしてみましょう。

1. 彼はけんかした。
  ↓
◎　He got *into* a fight.　※「戦いの中に入った」というイメージ
◯　He got *in* a fight.

2. 彼女は大家族に生まれた。
  ↓
◎　She was born *into* a large family.　※「大家族の中に」というイメージ
◯　She was born *in* a large family.

3. これを壁に差し込んで。
  ↓
◎　Plug this *into* the wall.　※「壁の中に差し込む」というイメージ
◯　Plug this *in* the wall.

4. 私はいい大学に入った。
  ↓
◎　I got *into* a good college.　※「大学という場所に入った」というイメージ
△　I got *in* a good college.

5. お金を銀行に預けなさい。
  ↓

- ○ Put the money *into* the bank.
- ◎ Put the money *in* the bank.　　※「銀行という場所」のイメージ

こうして比較すると、in は場所に関係する語とともに使われるのに対し、**into は「あるものや、ある状況・状態の中へ移動する」というニュアンスが強い**ことがわかると思います。

次の文も、ネイティブのニュアンスではこうなります。

Put this book *into* the box.

- ◎ この本は、（箱の上ではなく）中に入れてください。
- ○ この本をその箱に入れなさい。

あえて「中に」という移動のイメージを強調するために into を使う、と考えればいいでしょう。次のような例文は、まさに into ならではのものです。

A lot of people stood outside the store, but only 10 of them went *into* the store.
大勢の人が店の外に立っていたが、そのうちの 10 人だけが中に入った。

mix A *into* B（A を B に混入する）や throw A *into* B（A を B に放り込む）のような表現も、into のイメージがよくわかるものです。

では、次の例文を前置詞の違いを出して日本語にすると、どうなるでしょうか？

1. Stir the chocolate *into* the milk.
2. Stir the chocolate *in* the milk.

ネイティブの解釈はこうなります。

1. チョコを牛乳に入れながら混ぜて。
2. 牛乳の中に入っているチョコを混ぜて。

in は場所を、into は移動を表わします。
では「彼は全財産を新しい事業につぎ込んだ」と言う時、次のどちらの文が適切でしょうか？

1. He put all his money *into* his new business.
2. He put all his money *in* his new business.

どちらも英語として自然ですが、より適切なのは1です。into を使うことで、より深く内部へと入り込んでいくイメージが表現されるからです。

● 変化・結果を示して 「…に（する）、…に（なる）」
change A *into* B（A を B に変える）や turn *into* ...（…に変わる）など、into は状態の変化やその結果を表わします。この変化のイメージこそが、into の持ち味ともいえます。

では、ここでも、以下のそれぞれの日本語表現を、into と in を比較しながら、英語にしてみましょう。

1. 私は寝室を居間に変えた。
   ↓
   ◎ I turned the bedroom *into* a living room.
   × I turned the bedroom *in* a living room.（私は寝室を居間の中で回した［？］）

2. 彼女は深い眠りに落ちた。
   ↓
   ◎ She fell *into* a deep sleep.
   ○ She fell *in* a deep sleep.（彼女は深い眠りの中に倒れた［？］）

3. 彼の会社の経営はむずかしい状況に陥った。
　　↓
◎　His company ran ***into*** difficulties.
×　His company ran ***in*** difficulties.（彼の会社は困難さの中で走っていた［？］）

また、into は「…に関わって、…に携わって」といった意味で、状況などの変化も表わします。ここでも into と in のニュアンスの違いを比較してみましょう。

4. 彼女は職場に復帰したがっている。
　　↓
◎　She wants to get back ***into*** the workforce.
○　She wants to get back ***in*** the workforce.

5. 実業界に入ったほうがいいかもしれない。
　　↓
◎　Maybe we should go ***into*** business.
×　Maybe we should go ***in*** business.（ビジネスの中で行ったほうがいい［？］）

6. サムに来るよう説得した。
　　↓
◎　I talked Sam ***into*** coming.
×　I talked Sam ***in*** coming.（coming の中でサムと話した［？］）

7. 借金はしたくない。
　　↓
◎　I don't want to go ***into*** debt.
○　I don't want to go ***in*** debt.

● **のめり込むイメージを示して**　「…に夢中になって、…にのめり込んで」

　into の「中に入り込む」感覚から、「…に夢中で」「…にハマって」と、のめり込むイメージも表わします。口語的な表現で、会話などでは非常によく使われる用法です。

　I'm really *into* this.
　すごくこれにハマってるんだ。

　I'm not *into* that.
　それは、やらないね。

　次の例文を、前置詞の違いを出して日本語にすると、どうなるでしょうか？

　1. I'm *into* movies.
　2. I'm *in* movies.

　ネイティブの感覚はこうなります。

　1. 私は映画が大好きだ。
　2. 私は映画業界で働いています。

　これなどは、into の「のめり込む」イメージを知らないと、意味を取り違えてしまうでしょう。日常会話でよく使う表現ですから、ぜひ覚えてください。

● **分割を示して**　「…に分けられて、…に分類されて」

　これは into の「変化・結果」のイメージから来ています。たとえば divide A *into* B（A を B に分ける）などで、**元の形からの分割・分類といった変化を示します**。

Divide the pie ***into*** five pieces.
そのパイを 5 つに分けて。

では「オフィスを 2 つに［半分に］分けよう」と言う時、次のどの文が適切でしょうか？

1. Let's divide the office ***in*** half.
2. Let's divide the office ***in*** two.
3. Let's divide the office ***into*** two rooms.

いずれも英語として自然です。ただし、「2 つに」と強調するのであれば、3 のように divide ... ***into*** two rooms と表現したほうがいいでしょう。

Let's divide the office ***into*** two halves. でもいいのですが、two halves はリンゴのように簡単に分けられるものに対して使うのが一般的です。

Let's divide the apple ***into*** two halves.
リンゴを半分に分けよう。

● 除法を示して 「…を割って」
into の「分割」のイメージから、**除法[割り算]**の表現にも使われます。by より、くだけたニュアンスになります。

Fifteen into 45 is 3.
45 割る 15 は 3（45 ÷ 15 ＝ 3）。

「45 を 15 ずつ分割する」というイメージになります。

● 衝突・遭遇などを示して 「…に（ぶつかって）」
into の奥深く中へ入り込むイメージから、**衝突**や**遭遇**などの意味も表わします。

では、次の日本語を英訳してみましょう。

1. そのオートバイは壁に突っ込んだ。
   ↓
◎ The motorcycle crashed ***into*** a wall.
× The motorcycle crashed ***in*** a wall.（壁の中で衝突した［？］）

2. 昨日サムに偶然出くわした。
   ↓
◎ I ran ***into*** Sam yesterday.
× I ran ***in*** Sam yesterday.（「サム」という地名の場所で走った［？］）

● **方向・対象を示して**　「…に向かって、…に対して」
　into の中へ入り込むイメージは、「**方向**」のほか research ***into*** the brain（脳の研究）や investigation ***into*** the financial status（信用調査）のように、**調査や研究などの「対象」**を表わします。

次の日本語を英訳してみましょう。

1. マイクに向かって話をするのは好きではない。
   ↓
◎ I don't like to talk ***into*** microphones.
× I don't like to talk ***in*** microphones.（マイクの中で話をする［？］）

2. その問題に関する調査を始めた。
   ↓
◎ We started a study ***into*** the problem.
× We started a study ***in*** the problem.（その問題の中で調査を始めた［？］）

● **時間の経過を示して** 「…（になる）まで」

　late ***into*** the night（夜遅くまで）のように、into の中へ入り込むイメージは**時間の経過**も表わします。

次の例文を、前置詞の違いを出して日本語にすると、どうなるでしょうか？

1. We worked long [well] ***into*** the night.
2. We worked ***in*** the night.

ネイティブの感覚はこうなります。

1. 私たちは夜遅くまで働いた。
2. 私たちは夜働いた。

into が持つ「時間の経過」のイメージがつかめたでしょうか？

up

up は「上」の方向のイメージです。副詞で使われることの多い語ですが、前置詞としては特にむずかしい使い方はありません。ここで紹介する3つの意味と使い方を覚えておけばいいでしょう。

● **上への移動を示して** 「…の上に［へ］、…を上がって」

位置や方向での上を表わす、もっとも一般的な up の用法が**上への移動**です。例文を見ながら、up のイメージをつかんでいきましょう。

次の例文を、前置詞の違いを出して日本語にすると、どうなるでしょうか？

1. I climbed ***up*** the mountain.
2. I climbed the mountain.

ネイティブの解釈はこうなります。

1. 軽く山に登った。
2. 大変な山を登った。

どちらも日本語では「山を登った」でしょうが、前置詞の有無でニュアンスが変わります。1の climb ***up*** the mountain は軽いイメージですが、2の climb the mountain は「山を制覇する」という重いイメージになります。ただ「…の上に」だけでなく「軽い」ニュアンスを付け加えるのが up の特性といえるでしょう。

たとえば、「エベレストに登った」ことを We climbed ***up*** Mt. Everest. とはまず言いませんが、We climbed ***up*** the hill behind my house.（家の裏の

丘を登った）は自然です。

一方、We climbed the hill behind my house.（家の裏の丘をよじ登った）と言えば、丘を登るのに苦労したように聞こえます。

では、このイメージをしっかり持って、次の文を考えてみてください。前置詞の有無に気をつけて日本語にすると、どうなるでしょう？

1. I climbed *up* the ladder.
2. It's hard for a poor woman to climb the ladder of success.

ネイティブの解釈はこうなります。

1.（簡単に）はしごを登った。
2. 貧しい女性にとって出世の階段を上るのは大変なことだ。

climb the ladder of success で、「（大変な苦労を必要とする）出世という階段を上る」という意味になります。この慣用句を覚えておくと、up の有無によるイメージの違いをつかみやすいでしょう。

● **上にあるという状態を示して　「…の上（のほう）に、…の上手に」**
また、この「…の上へ」という意味から、up は「…の上（のほう）にある」という状態も表わします

Our camp is about a kilometer *up* the river.
われわれのキャンプは川を１キロほど上がったところだ。

There's a cat *up* the tree.
その木の上のほうに猫が１匹いる。

● **通り沿いを示して　「（道など）に沿って、…を（通って）、…を行ったところに」**
up the road（道路沿いに）のように、up には「上」のイメージとは関係の

ない「…に沿って」という意味もあります。

There's a supermarket *up* the road from here.
この道を行ったところにスーパーがある。

　実は、この用法は up だけでなく down にもあります。そちらで詳しく説明しましょう（⇨「通り沿い」の down については 116 ページも参照）。

down

down は「下」の方向のイメージです。up と同じく、down も本来は副詞として使われることの多い語です。前置詞としては、以下の 4 つの意味と使い方を覚えておけばいいでしょう。

● **下への移動を示して　「…を下って、…の下方に」**
　go, come, run などの動詞とともに用いて、down は下への移動を表わします。

> The car rolled **down** the hill into the lake.
> その車が丘から湖に転げ落ちた。

> I climbed **down** the ladder.
> はしごから降りた。

　日本語で「登る」というと「上に」ということになるでしょう。英語の climb も同じように「上に登る」というイメージで使われ、I climbed the mountain. は、「山（の上）に登る」となります。
　しかし、この動詞は上り下りする際の「這うような姿勢」を指すことがあります。そのため、into を付けて I climbed **into** the hole in the ground.（地面の穴に降りた）、あるいは down を付けて I climbed **down** the hill.（丘を下った）といった使われ方もします。

● **下にあるという状態を示して　「…の下（のほう）に、…の下手に」**
　これは「上にあるという状態」を示す up のまさに逆で、「下のほうにあると

いう状態」を表わします。

Our camp is about a kilometer ***down*** the river from here.
われわれのキャンプはここから川を1キロほど下ったところだ。

He lives ***down*** the river.
彼は川の下流に住んでいる。

● **通り沿いを示して 「(道など)に沿って(離れたほうへ)、…を通って向こうの端へ(行ったところに)」**

　この用法の場合、down は up と同じような意味になります。いずれも「…を行ったところに」と、さらに遠くを指し示すイメージです。

There's a supermarket ***down*** the road from here.
この道を行ったところにスーパーがある。

The restrooms are ***down*** the hall and to the left.
トイレは廊下の先の左にあります。

　では、そもそも up や down が「…を行ったところに」という意味で使われるようになったのは、なぜでしょうか？
　まず第1に考えられるのは、文法的な理由です。たとえば Jack lives ***down*** the road. と同じ内容を、down や up を使わずに表現するとなると、Jack lives in a place that can be reached by this road. と非常に複雑な文になってしまいます。しかし down (または up) 1語に「…を行ったところに」という意味合いを持たせれば、Jack lives ***down*** the road. と簡潔に表わせます。
　もう1つの理由は、話し手の感覚的なものです。たとえばアメリカのシカゴにいれば、おおよそ ***out*** west はロッキー山脈より西を、***down*** south はテネシーやルイジアナを、***back*** east はニューヨークやマサチューセッツを、***up***

north はカナダあたりを指します。話し手のいる場所により表わす内容は変わりますが、up や down の用法はそういう意味でも、いかにも口語的なものだといえます。

● **期間を示して 「…のあいだずっと」**
 down the years [ages]（長年［昔から］ずっと）のように、down で年月の流れを表わすこともあります。

　This festival has changed very little ***down*** the ages.
　このお祭りは昔からほとんど変わっていない。

after

afterは、時間や位置、順序など、さまざまな状況での「あと」を表わします。変わった用法としては、「…とは対照的に」という意味の比較で使われることがあります。

● 時間を示して 「…のあとで、…してから」

after school（放課後）や **after** a while（しばらくしてから）など、afterは基準となるものごとから見て、あとの時間を表わします。

I couldn't do anything for a few seconds **after** the earthquake.
地震のあと、数秒間何もできなかった。

I didn't get home until **after** midnight.
夜中過ぎまで家に戻らなかった。

I'll have a lot of free time **after** January.
1月を過ぎれば自由な時間がたくさんある。

「あと」を表わす after と since の使い分け

「仕事を辞めてからずっととてもひまだ」と言う時、次のどちらの文が適切でしょうか？

1. I've been really bored **after** I quit my job.
2. I've been really bored **since** I quit my job.

> 正解は2です。過去から現在まで継続している意味合いの場合、after は使えませんから、1は×になります。since で「…からずっと」「…以来」と、現在までずっとその状態がつづいていることを表わします。

　この用法の after を使った、言い回しを紹介します。
　「そのあとすぐ私は家を売った」と言う場合、次の2つの言い方ができます。

1. Soon *after* that, I sold my house.
2. Not long *after* that, I sold my house.

　soon after ... / not long after ... はともに「…からまもなく、…したあとすぐ」という意味で、英語としても自然です。ただ1のほうが一般的で、2はややかしこまった言い方になります。インターネット検索結果は、以下のようになりました。

soon *after* that　　　　453,000
not long *after* that　　156,000

「あと」を表わす after と in の使い分け

　「明後日お会いします」と言う場合、in と after を使った次の2つの言い方ができます。どちらも適切な英語ですが、よりネイティブが好んで使うのはどちらでしょうか？

1. I'll see you the day *after* tomorrow.
2. I'll see you *in* two days.

　この場合どちらも意味は同じです。1の the day *after* tomorrow で「明日の次」つまり「明後日」、2の *in* two days で「2日後」つまり「明後日」となります。ちなみに、*in* one or two days なら「一両日中に」となります。さあ、どちらのほうが使われているでしょうか？　インターネット検索結果は、次のようになりました。

```
see you the day after tomorrow      46,400
see you in two days                411,000
```

日本語の「明後日」とイコールとなる the day *after* tomorrow を知っている日本人は多いようです。しかしこのような場合、ネイティブが使うのは断然 2 の *in* two days となります。この言い回しであれば、数字を変えれば 3 日後、4 日後と的確に日にちを表わせるからでしょう。

では、「彼女は再来週、ここに来るだろう」と英語で言う場合はどうでしょうか？

1. She'll get here the week *after* next.
2. She'll get here *in* two weeks.

これもまた、1 の the week *after* next で「来週の次」つまり「再来週」、2 の *in* two weeks でも「2 週後」つまり「再来週」となります。インターネット検索結果は、やはり次のようになりました。

```
the week after next        25,300
in two weeks            1,410,000
```

日本人のみなさんは、「…のあとで」と聞くと即座に after を思いつくのか、1 のように after を使った言い回しを使おうとするようです。しかし、ネイティブは実際のところ、数字を変えればいろいろと応用できる汎用性から、こうした場合、好んで in を使います（⇨ in の「所要時間・経過時間・期間を示して」[30 ページ] も参照）。ネイティブはとかく、簡単でわかりやすい表現を使おうとします。この感覚を、ぜひ身につけてください。

また、主にアメリカ英語で使われる用法ですが、after を使って**時刻**を表わすこともできます。

The train leaves at 20 *after* 7:00.
列車は 7 時 20 分に出発する。

また、**after** の前後を比べて、対照的な状態も表現できます。その場合、以下のように、状況によっては「…と比べて」という日本語にすると、しっくりします。

I like this job, especially **after** my previous one.
前職と比べて、とりわけこの仕事が好きだ。

　after のあとにつづくイメージから、time **after** time（何度も）や day **after** day（来る日も来る日も）などの言い回しで、**繰り返しを表現することも**できます。

I worked year **after** year to reach my goal.
目標に到達するまで、私は何年も働いた。

He complained day **after** day.
彼は来る日も来る日も文句を言った。

● **順序を示して 「…の次に［あとに］、…につづいて」**
　after で「順序があと［次］」であることを表わします。日常的によく使う言い回しなので、ぜひ覚えてください。

My station is the one **after** Sugamo.
巣鴨駅の次で降ります。

I think I'm **after** you.
私（のスピーチ）はあなたのあとに。

Repeat **after** me.
私のあとで繰り返して。

After you.
お先にどうぞ。

After** you, please.* と please を付けると、言い方によっては「お先にどうぞ、さあ」と威圧的に聞こえてしまいます。ですので、After** you.* だけで十分です。

● 位置・場所を示して　「…のあとに、…のあとから」
after は「位置・場所があと［うしろ］」であることも示します。

Come *after* me.
私について来なさい。

Nancy closed the door *after* her.
ナンシーは部屋に入って［を出て］から戸を閉めた。

> 「あと」を表わす after と behind の違い
>
> 「入ったら［出たら］そのドアを閉めて」と言う時、次の文の違いはわかりますか？
>
> 1. Close the door *after* you.
> 2. Close the door *behind* you.
>
> 実は、いずれも同じような意味になります。ただし、1 の after が「人のいたあと［人が通ったあと］」であるのに対し、2 の behind は「背後」を指します。どちらも英語として自然で、インターネット検索結果もほぼ同じような結果になりました。
>
> close the door *after* you　　　59,100
> close the door *behind* you　　58,300

また、after は「人がいたあと」を表わすこともあります。次のような言い方をします。

I'm tired of cleaning up *after* you.
きみの後片付けはうんざりだ。

● 模倣・追従を示して 「…にちなんで、…にならって、…にしたがって」

　さらに after は、「…にちなんで、…にならって、…にしたがって」と模倣や追従の意味でも用いられます。

This novel is patterned *after* a Mark Twain novel.
この小説はマーク・トウェインの小説にならって書かれている。

I was named *after* my grandfather.
私は祖父の名前を取って名づけられた。

● 因果関係を示して 「…（のあと）なので、…のため」

　after が because の代わりに「…なので」という意味で使われることもあります。特に強調したい場合に用いられます。**After ..., I'll never ...**（…したので、決して…しない）という言い回しで覚えるのもいいでしょう。

After seeing that accident, I'll never drink and drive again.
あの事故を見たので、私は2度と飲酒運転をしないだろう。

After losing everything in Las Vegas, I'll never gamble again.
ラスベガスですべてを失ってから、私は2度とギャンブルはしない。

after all ... の形で、「出来事のあとの結果」を表わすことがあります。

After all that hiking, I never saw one animal.
ハイキングをしたにもかかわらず、1匹も動物を見なかった。

● 目的・追求を示して 「…のあとを追って、…を求めて、…をねらって、…をものにしようとして」

　after は「目的・追求」の意味も表現します。以下の用例はまさに「ねらう」という意味合いで使われています。

Sally is being nice to Sam, but she's just *after* his money.
サリーはサムにやさしいが、彼女はただ彼のお金をねらっているだけだ。

be *after* ... は「…を追いかける」の意味でもよく使われます。

The police are *after* me.
警察に追いかけられている。

be *after* ... for 〜で、「…に〜をしつこく求める、…するよう〜をせきたてる」の意味になります。

She is *after* us for a contribution.
彼女は僕らにしつこく寄付を求める。

● 順位・重要性を示して 「…に次いで」
after は「…に次いで」という意味で順位・重要性を表わし、next to と同じように使われます。

Osaka is the biggest city in Japan *after* Tokyo.
大阪は東京の次に大きな都市です。

with

withの中心となるイメージは「一緒に」です。そこから派生して、手段（…を使って）、付帯状況（…とともに）、所有（…を持って）といった意味が表現されます。しかし、さらにひとひねりして、逆説的に、譲歩（…にもかかわらず）や分離（…から離れて）、対立（…に反対して）なども表わします。この用法を取り違えると誤解が生じますので、注意しましょう。

● 同伴・同居・所属・勤務・包含などを示して 「…と一緒に、…とともに、…のところ［家］に［で］、…の一員として、…に勤めて」

もっとも基本的なwithのイメージで、同伴・同居など、さまざまな状況で一緒であることを表わします。

I'll be **with** you in a minute.
すぐに行きます。

Is George going to come **with** us?
ジョージは私たちと一緒に来る？

Mike still lives **with** his parents.
マイクはまだ両親と同居している。

同伴のイメージからの派生で、withは「所属・勤務・職業」を表わし、時に「…の一員として、…に勤めて」という意味で使われます。

He's an engineer **with** a large software company.
彼は大手ソフトウェア会社のエンジニアだ。

inも「所属」を表わしますが、withも同じニュアンスで使われます（⇨＜「所属」を表わすinとwithの違い＞［37ページ］も参照）。

また、withは「**包含**」の意味も示します。

With contract employees, there are 54 people on our staff.
契約社員も入れて、弊社の従業員数は54です。

With these books, we have a total of 15.
この本を入れて、全部で15冊持っている。

What's the total cost **with** tax?
税込みで合計いくらになる？

「同伴」を表わす with と alongside, beside の違い

次の例文を、それぞれ前置詞の違いを出して日本語にすると、どのようになるでしょうか？

1. I sit **with** him.
2. I sit **alongside** him.
3. I sit **beside** him.

ネイティブの解釈はこうなります。

1. 私は彼と一緒に座る。／私は彼と一緒に時間を過ごす。
2. 私は彼の横に並んで座る。
3. 私は彼のすぐ隣に座る。

1の sit **with** him は、「彼と一緒に座る」のほか、「彼と一緒に時間を過ごす」というニュアンスもあります。たとえば、病気の人や老人などと一緒に座るような場合、このような意味合いでよく使われます。

2の sit **alongside** him は、純粋に座る位置のみに言及した表現です。alongside とは、前後の並びではなく、「横の列に沿って→横に並んで→隣に」というイメージになります。

3の **beside** him は距離を強調した言い方で、日本語ではよく「かたわらに」と訳されますが、これは「離れたところではなく、すぐ隣に」というニュアンスになります。

sit **next to** him と sit **beside** him はともに「すぐ隣に」という意味で用いられ、非常ににによく似ていますが、肩と肩が触れ合うほどの近さをほのめかす beside のほうが、「さらに近い隣」であることを表わします。より一般的な表現は **next to** him ですが、肩が触れ合うほどすぐ隣であることを強調する場合、**beside** him となります。

「すぐ隣」と強調するのであれば3の beside を、「横に並んだ隣」と位置的な状況のみを伝えるなら2の alongside を、位置的な意味だけでなく「一緒に時を過ごす」という意味合いも含めるなら1の with を選ぶといいでしょう。next to も含めた、インターネットの検索結果はこうなりました。

sit **with** him	1,130,000
sit **next to** him	375,000
sit **beside** him	62,900
sit **alongside** him	4,410

15ページの＜「対向関係」を表わす to と near, by, with の違い＞では、「隣に座る」の各表現を比較しています。そちらも参照してください。

「同伴」を表わす with と alongside の違い

sit の場合、位置的な意味合いでは with も alongside も同じようなニュアンスになりますが、sleep のような動詞の場合は気をつけなくてはいけません。

sleep **with** は、「一緒に寝る」のほかに、have sex（セックスをする）の意味もあります。

Sally got so scared last night that she slept **with** her mother.
サリーは昨夜とても怖かったので、母親と一緒に寝た。

Sam slept *with* Mary and now she's pregnant.
サムがメアリーと寝たために、今、彼女は妊娠している。

　文脈を理解していれば間違えることはありませんが、いきなり I slept *with* her/him. と言えば、相手はまず have sex を想像します。しかし逆に、「横に並んで寝る」と強調するのであれば、sleep *alongside* なら誤解がありません。

I slept *alongside* Sally.
私はサリーと横に並んで寝た。

Sam and Mary slept *alongside* each other.
サムとメアリーはともに横に並んで寝た。

　このように男女が主語の場合も、alongside なら誤解されません。

● **with と alongside, そして along について**
　少し脇道にそれますが、ここで alongside について少し説明しておきましょう。alongside はつねに with と置き換えられるわけではなく、次のような場合はイコールとなりません。

○　I parked my car *alongside* the curb.
×　I parked my car *with* the curb.

　これは日本語で考えたほうが理解しやすいでしょう。「私は縁石に沿って車を止めた」と「…に沿って」の意味で用いられる場合、with では表現できません。ただし、I parked my car *along* the curb. と言うことはできます。インターネット検索結果は次のようになりました。

along the curb　　　　846,000
alongside the curb　　　58,800

　断然 along が多くなりましたが、この２つの違いは何でしょうか？
　実は、along は「長いものに沿っている」状態ですが、alongside は「短いもの」でなおかつ距離的に「近いもの」に対して使います。そのため、***along** the curb* であれば「長い縁石に沿って」ですが、***alongside** the curb* は「短い縁石のすぐそばで」というイメージになります。この位置と距離の関係を覚えておいてください。

　では、ここで問題です。次の空所に当てはまる前置詞は、along と alongside のどちらでしょうか？

1. Make sure you park your car _____ the curb or a car might drive by and hit it.
2. You can park your car anywhere _____ this curb.

　ネイティブの解釈はこうなります。

1. 必ずその縁石に近づけて車を止めてね。さもないと（ほかの）車が脇を通ってぶつかるかもしれないから。
2. この縁石沿いならどこでも車を止められるよ。

　１には alongside が、２には along が適切となります。

● **所持・所有を示して　「…のある、…を持って、…を有する」**
　ただ何かを持っている、所有しているだけでなく、**着用・携帯・罹患・積載**など、with はさまざまな所有を表わします。

Can you see that man *with* the black hat over there?
向こうにいる黒い帽子をかぶった人が見える？　※着用

I don't always carry my passport *with* me.
パスポートをつねに携帯しているわけではない。　※携帯

I'm afraid Sally is at home *with* a cold.
かわいそうに、サリーは風邪をひいて家にいる。　※罹患

This computer comes *with* a lot of memory.
このコンピュータはメモリをたくさん積んでいる。　※積載

● 手段・道具を示して　「…で、…を使って」

cut meat *with* a knife（ナイフで肉を切る）や hit a nail *with* a hammer（かなづちでくぎを打つ）のように、with で手段や道具を表わします。

I need something to write *with*.
何か書くものが必要だ。

「手段」を表わす with と by の違い

「ハンマーで窓を割った」と言う時、次のどちらの文が自然でしょうか？

1. I broke the window *with* a hammer.
2. I broke the window *by* a hammer.

正解は 1 です。with は「…という道具を使って」となるため、*with* a hammer（ハンマーで）のように〈with ＋道具〉になります。
一方、by は「…という方法［手段］で」となるため、*by* foot（on foot，徒歩で）のように〈**by** ＋無冠詞の名詞［もしくは動名詞]〉でその名詞の機能を表わします（⇨「手段」の by については 71 ページも参照）。

by と with の両方が用いられている次のような文なら、それぞれの使い方をイメージしやすいと思います。

I broke the window *by* hitting it *with* a hammer.
ハンマーで窓をたたいて割った。

with* a hammer**（ハンマーで）で道具を、by* hitting it *with* a hammer**（ハンマーでそれをたたくことにより）で手段を表わします。何を意味するかにより、前置詞を使い分ける必要があるのです。
では、次の日本語をそれぞれ英語にすると、どうなるでしょうか？

1. ナイフで指を切った。
   ↓
   ○ I cut my finger ***with*** a knife.
   × I cut my finger ***by*** a knife.

2. バスで通学する。
   ↓
   × I go to school ***with*** bus.
   ○ I go to school ***by*** bus.

with は「道具」で、**by** は「手段」。このように比較すると、前置詞の感覚をつかみやすいはずです。

● **材料・中身・供給物などを示して　「…で（作る、いっぱいにする、おおう）、…を（供給する、提供する）」**

前置詞 with は**材料**や**中身**も表わします。

I made this cake **with** butter, eggs and flour.
このケーキをバター・卵・小麦粉で作った。

be filled [covered] **with** ... (…で満たす、いっぱいにする［おおわれている］) などの表現も使われます。

The room was filled **with** angry shareholders.
その部屋は怒った株主でいっぱいだった。

The floor was covered **with** water.
床が水浸しだった。

また provide A **with** B (AにBを提供する) や share A **with** B (AをBと共有する) のように、with は供給物も表わします。

ABC refused to provide us **with** the data.
ABC社はわれわれにデータを提供するのを拒否した。

He paid for his mistake **with** his life.
彼は過ちを自らの命でつぐなった。

● 比較・同等を示して 「…と」

with は比較・同等を示すことがあります。compare A **with** B(AとBを比べる) のような言い方で、比較の意味を表現します。

There's no novel that compares **with** this (one).
この小説のおもしろさは、ほかに類がない。

以下のような言い方で、with は同等の意味を示します。

The desk is about level *with* my waist.
その机は大体私の腰の高さだ。

「比較」を表わす with と to の違い

２つのものを比較する場合、compare **with** と compare **to** のどちらを使うでしょうか？ compare **with** と compare **to** の違いは複雑で、ネイティブの専門家ですら意見はさまざまです。使い分けが必要という人もいれば、ほぼ同じ意味合いと考えてかまわないという人もいます。実際のところ、ほとんどのネイティブは使い分けしていないと思います。インターネット検索結果も以下のようになりました。

compared ***with*** last year　　　7,090,000
compared ***to*** yesterday　　　　9,890,000

しかし、違いを簡単にまとめれば、compare **with** は２つのものの「違い」を強調したい時に使う傾向があるようです。一方、compare **to** は２つのものの「相似」を強調したい場合に使う傾向があります。
では次の例文を、前置詞の違いを出して日本語にすると、どうなるでしょうか？

1. We can compare Jane's paintings ***to*** Jack's.
2. Compared ***with*** Sam's paintings, Sally's are more colorful.
3. He compares himself ***to*** Caesar.
4. Compared ***with*** Caesar, he's a big failure.

ネイティブの解釈はこうなります。

1. ジェインの絵とジャックの絵は、区別できるものの、よく似ている。
2. サムの絵と比べると、サリーの絵はとてもカラフルで全然違う。
3. 彼はカエサルと自分を比べて、似ていると思っている。
4. カエサルとまったく違って、彼は全然ダメだ。

compare **to** と compare **with** を、「似ている」「似ていない」のニュアンスを出さずに日本語にすると、不自然になります。しかし、ネイティブの感覚を反映させれば、日本語としても自然で理解できるはずです (⇨ <「対象」を表わす to と with の違い > [9 ページ] も参照)。

● 様態を示して 「…を持って、…を示して」

所有のイメージからの派生で、**with** interest (興味を持って) や **with** ease (やすやすと) など、with はさまざまな**様態**も表わします。

She always treats her staff **with** patience.
彼女はいつもがまん強くスタッフに対応する。

This package needs to be handled **with** care.
この荷物は慎重に扱わなくてはいけない。

● 付帯状況を示して 「…して、…したまま、…しながら」

「一緒に」という with の中心的なイメージから派生して、「…して」「…で」と**付帯状況**も表わします。つまり、以下の例文のように、1つの状況に、ある別の状況を付け加えて表現することができるのです。

It's hard to expand the company **with** so little money.
そんなわずかな資金で会社の事業を拡大するのはむずかしい。

With the poor economy, we were unable to increase our sales.
経済に活気がなかったため、売り上げを伸ばせなかった。

また **with** the development of ... (…の発達にともない) や **with** experience (経験とともに) などの表現で、**時間や程度などが同じように進行する**ことを表わします。

Does the salary of a teacher increase **with** experience?
教師の給料は経験とともに上がるものですか？

With economic development, the relation between the environment and human beings has become closer.
経済の発展にともない、環境と人間の関係はより密接になっている。

● 条件・前提を示して 「(もし) …があれば、…を得た上で」
with は「(もし) …があれば」と条件・前提も表わします。

With your permission, I'd like to cancel the meeting.
許可をいただけたら、その会議をキャンセルしたいのですが。

　この例文は、次のように仮定法で言い換えることができます。

= If you could give me permission to cancel the meeting, I would like to do that.

　しかし、仮定法を使うと文が長くなり堅い表現となるため、口語で条件や前提を表わす場合、よく上の例のように with を使って表現します。without にも同様の用法があり、その「仮定を示して」(147ページ) の項に用例を示しました。

● 譲歩を示して ［通例 all をともなって］「…がありながら、…にもかかわらず、…をもってしても (なお)」
with all ... (…にもかかわらず) や **with** an exception (例外はあるものの) などの言い方で、譲歩を表わします。

With all her talent, Linda could not get a job.
リンダは才能がありながら仕事につけなかった。

What he said was true, **with** only one exception.
彼の言うことは、唯一の例外を除いては真実だ。

● 関係・関連を示して　「…に（対して）」

　with は、familiar **with** ...（…に詳しい）や have something [nothing] to do **with** ...（…に関係がある［ない］）などの言い方で、**関係や関連**も示します。また次のように、**関係するものの問題の有無**を表わす場合もあります。この用法については、次の「感情・態度の対象を示して」の項で改めて触れます。

What's the matter **with** this computer?
このコンピュータ、どうしたの？

　次の例文を、前置詞の有無を出して日本語にすると、どうなるでしょうか？

1. I met **with** a new client.
2. I met a new client.

　ネイティブの解釈はこうなります。

1. 新しいクライアントと会って打ち合わせをした。
2. 新しいクライアントに会った。／新しいクライアントを見つけた。

　1 の meet **with** はただ「…と会う」だけでなく、「会ってちゃんと会話をする［打ち合わせをする］」という意味になります。**with** があるため、相手との関係が感じられるニュアンスになるからです。
　しかし 2 の meet a client は、「会う」と「見つける［初めて会う］」の両方の意味になります。「最近クライアントになった人と打ち合わせをする」というニュアンスで使われる可能性がなくはないものの、ほぼ「出会う」のイメージのみで使われると考えていいでしょう。
　ほとんどの場合、状況で違いがわかるため、ネイティブは簡単な表現であ

る I met a client. をよく使います。しかし誤解を避けたいなら、I met a new client for the first time.（初めてのクライアントに会った）や、I met **with** a client to talk about our prices.（価格に関して話し合うためにクライアントと打ち合わせをした）のように言葉を補うといいでしょう。

● 感情・態度の対象を示して 「…に（対して）、…に関して」

　What's the matter **with** you?（どうしたの？）や There's something wrong **with** …（何か変だ）などの言い方で、**人やものに対する感情や態度**を示します（辞書などによっては「関係・関連」の意味として定義されていますが、ネイティブは「感情・態度の対象」ととらえることが多いので、ここで改めて説明します）。会話で非常によく使われる用法ですから、フレーズを丸ごと覚えてしまいましょう。

I think there's something wrong **with** this clock.
この時計はどこかおかしいと思う。

Does anyone have a problem **with** extending the deadline?
締切りを延ばすことで誰か問題はある？

　また、with は感情を表わす形容詞などとも一緒に用いて、その対象を示します。

He was angry **with** me because I made a lot of mistakes.
私がたくさん間違えたので、彼は腹を立てた。

Are you happy **with** the results?
その結果に満足？

「感情・態度の対象」を表わす with と at の違い

「彼女は彼に怒った」と言う場合、次のどちらの文が適切でしょうか？

1. She was angry *with* him.
2. She was angry *at* him.

本来よく使われるのは、1 の angry with です。「**angry with** は人に対して、**angry at** は人以外のものに対して使う」とみなさんは習ったかもしれません。しかし、実際は、対象が何かにかかわらず、angry with を使っている割合が多いようです。インターネット検索結果は、次のとおりです。

angry *with* him	1,940,000
angry *at* him	618,000

対象が人の場合はもちろん with ですが、犬やニュースに対しても angry with を使う例が圧倒的に多いようです。将来的には、angry at が使われなくなるかもしれません（⇨「対象」の at については 22 ページも参照）。

angry *with* the dog	80,000
angry *at* the dog	47
angry *with* the news	728,000
angry *at* the news	13

● 調和・一致・同調を示して 「…と（合って）、…に（同意して）、…の味方で」

agree *with* ...（…に同意する）や go *with* ...（…と合う）など、with は調和や一致、同調を表わします。

I'm *with* you there.
その点ではあなたの言うとおりです。

I agree **with** you there.
その点はきみと意見が一致する。

Do brown shoes go **with** a blue suit?
茶色の靴は青いスーツと合う？

I sympathize **with** you.
あなたに同情します。

● 敵対・対立を示して 「…と、…を相手に」

　argue **with** ...（…と議論［口論］する）, compete **with** ...（…と競争する）, interfere **with** ...（…に干渉する）など、with は「争う」ニュアンスの強い動詞とともに用いて、相手との対立も表わします。

Sally and Linda are always arguing **with** each other.
サリーとリンダは、顔をあわせれば口論している。

This noise is really interfering **with** my work.
この騒音は仕事にものすごくじゃまだ。

「敵対・対立」を表わす with と against の違い

次の例文を、前置詞の違いを出して日本語にすると、どうなるでしょうか？

1. Why did you fight **with** him?
2. Why did you fight **against** him?
3. Why did you fight him?

ネイティブの解釈はこうなります。

1. どうして彼とけんかしたの？／どうして彼と一緒に戦ったの？
2. どうして彼とけんかしたの［彼に反対したの］？
3. どうして彼と（ボクシングなどで）戦ったの？

　1の fight **with** him は2つの意味に受け取れるため、曖昧です。一方、2の fight **against** him なら「彼とけんかする［彼に反対する］」という意味にしか取れません。

　たとえば、America fought **with** England. は、アメリカの独立戦争の話であれば「アメリカはイギリスと戦った」となり、「アメリカ対イギリス」の戦争を表わしますが、湾岸戦争の話であれば「アメリカはイギリスと一緒に戦った」という意味に取れるでしょう。

　2の fight **against** は、実はけんかより「…に反対する」「…に対して戦う」というイメージの強い語です。そのため、主に I fought **against** changing the company name.（私は会社名を変えることに反対した）や、I fought **against** discrimination.（私は差別に対して反対した）のように使います。

　また、ネイティブは1の fight **with** him から「口論」を連想しますが、3の fight him からはボクシングなどの戦いをイメージします。

● **離別・分離を示して　「…と（離れて）」**
　do away **with** ...（…を処分する）や part **with** ...（…を放棄する）など、主に離れるイメージの動詞との組み合わせで、with の基本イメージ「一緒」とは反対の**離別・分離**を表わします。

George broke up **with** his girlfriend.
ジョージはガールフレンドと別れた。

● **be with you [me]　[通例疑問文・否定文で]　「…の言うことがわかっている」**
　be **with** you や be **with** me が疑問文や否定文で使われ、「…の言うことがわかっている」の意味で使われます。

Is everyone **with** me?
みなさん、おわかりですか？

● **be with it**［普通は否定文で］「頭がよく働く」

状況により、「**集中している**」「**話が飲み込めている**」「**頭がよく働く**」というニュアンスでも用いられ、それが否定文では「集中していない」→「ぼーっとしている」となります。

Jack doesn't seem to be very **with** it today.
ジャックは今日ぼーっとしているようだ。

within

within は、「…以内に」と距離や時間や程度が範囲内であることを表わします。ほぼこのイメージのみで理解できるので、比較的簡単な前置詞といえるでしょう。

● 時間・距離・程度などが範囲内であることを示して 「…以内で、…の範囲内で、…を越えずに」

within 24 hours（24 時間以内に）や **within** minutes（数分以内に）のように、within は**ある一定の時間内**であることを表わします。

I'll call you back **within** seconds.
数秒以内にかけなおすよ。

Within only two days, the stock market crashed to its lowest level.
ほんの 2 日もたたないうちに、株式市場は最低水準にまで暴落した。

> **「期間」を表わす within と in の違い**
>
> in でも説明しましたが（31 ページ参照）、もう 1 度おさらいしましょう。
> 「1 時間以内にできるよ」と言う時、次のどちらの文が自然でしょうか？
>
> 1. I can finish **within** an hour.
> 2. I can finish **in** an hour.
>
> 2 の finish **in** an hour は気楽に「1 時間でできる」と言う時に使いますが、ネイティブにはとても曖昧に聞こえます。「1 時間以内に」ととらえる人もいれば、「1 時間たっ

てから」と判断する人もいます。どちらも間違いではないですから、finish ***in*** an hour ＝ finish ***in*** around an hour で「1時間前後」と解釈すればいいでしょう。いずれにせよ in で時間を表わすのは、さほど厳密な表現が必要とされない時です。

厳密に「1時間以内に［1時間たたないうちに］」と伝えるなら、1の finish ***within*** an hour と表現すれば問題ありません。また強調表現として、finish ***in*** less than an hour や finish ***in*** under an hour もよく使われます。インターネット検索結果は以下のとおりです。

finish ***within*** an hour　　21,600
finish ***in*** an hour　　　　345,000

厳密さを求める表現は、使われる状況が限られます。そのためヒット数は、曖昧かつ気楽な表現となる in が断然多いようです（⇨「期間」の in については 30 ページも参照）。

また、within は次のように、**距離の範囲内**であることも示します。

I live ***within*** (easy) walking distance from here.
ここから歩いて行けるところに住んでいる。

The factory is located ***within*** one kilometer of my house.
その工場は私の家から 1 キロ以内のところにある。

また、***within*** one's reach（手の届く範囲で）, ***within*** the bounds of ...（…の範囲内で）や、***within*** the budget（予算内で）といった表現で、**程度がある範囲内にある**ことも示します。

I think 20 million in sales is ***within*** our reach.
2000 万ドルの売り上げは実現可能だと思う。
※ within one's reach「手の届く範囲内」→「実現可能」

We are trying to live ***within*** our income.
収入の範囲内で暮らすようにしている。

Do you think this is ***within*** the law?
これは法の範囲内だと思う？

It's not ***within*** your authority to fire people.
人を解雇するのはあなたの権限ではない。

「範囲内」を表わす within と under の違い

「予算内に収める」と言う時、次のどちらの文が自然でしょうか？

1. We must stay ***within*** the budget.
2. We must stay ***under*** the budget.

within the budget も ***under*** the budget も「予算内」であることに変わりありませんが、ニュアンスが少し異なります。1の ***within*** the budget が**予算ぎりぎりまでOK**であるのに対して、2の ***under*** the budget は**予算よりも下回ることを意識した表現**となります。たとえば、the budget（予算）を100万ドルとしましょう。1であれば100万ドルまでOKですが、2は100万ドルより下であることを求める言い方になります。「予算内に収める」と言う場合、予算ぎりぎりまでOKなのが一般的なため、より自然なのは1となります。インターネット検索結果も次のようになりました。

stay ***within*** the budget	123,000
stay ***under*** the budget	22,600

under の「年齢・時間・距離・数量などを示して」（174ページ参照）の項もあわせて確認しましょう。

● 場所・人［心］などの内部を示して 「…の内部に」

within は、あるものの**内部**にあることも表わします。

Try to finish **within** the hour.
時間内に終わらせるように。

When driving, try to stay **within** the lane.
運転する時は車線内にとどまるようにしないと。

また、「内部」のイメージからの派生で、within は「心の内側」も表わします。

He has a lot of problems **within** himself.
彼は自分自身にものすごく問題を抱えている。

The anger welled up **within** me.
怒りがこみ上げてきた。

「内部」を表わす within と in の違い

次の例文を、前置詞の違いを出して日本語にすると、どうなるでしょう？

1. There's a lot of fighting *in* the company.
2. There's a lot of fighting *within* the company.

ネイティブの解釈はこうなります。

1. 会社で数多くの争いごとがある。
2. 会社の内部で数多くの争いごとがある。

さほど大きな意味の違いはありませんが、あえて within と表現する場合、会社の「内部」を強調した表現になります。ほかには、***within** the Euro area*（ユーロ圏内で）や ***within*** the Islamic world（イスラム世界内で）などとよく表現されます（⇨ in の「広がりのある場所・位置を示して」［26 ページ］の項も参照）。

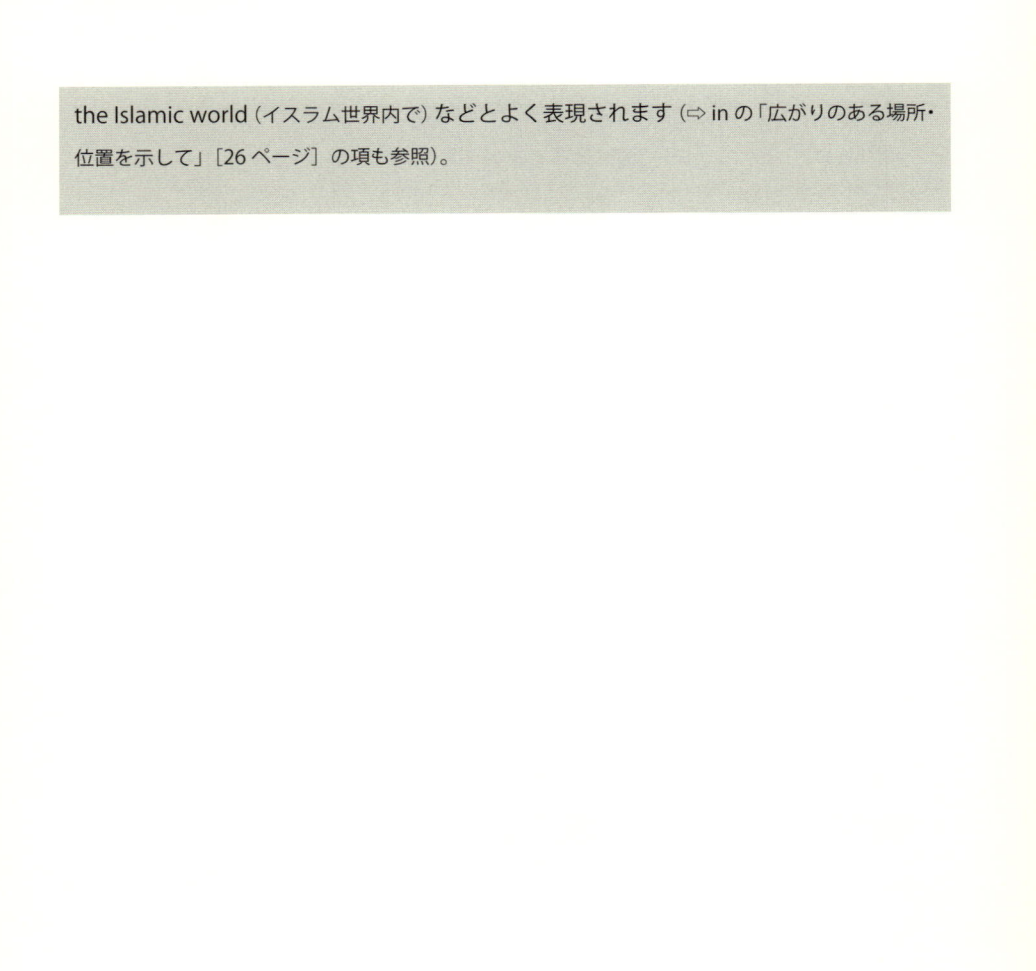

without

without もシンプルなイメージの語で、「…なしで」「…せずに」と人やものがない状態、動作や行為をしない状態を示します。ほぼこのイメージさえ覚えておけばいいでしょう。

● 何かがないことを示して 「…を持たずに、…なしに［で］、…のない」
　without は、何かを持っていないことや、何かがないことを表わします。

I left the house **without** my umbrella.
傘を持たずに家を出た。

Without any hesitation, he started criticizing me.
何の遠慮もなく、彼は私を批判し始めた。

● 仮定を示して 「…がなければ、…がなくては、…なしでは」
　〈without ＋人〉で「…がいなければ」、〈without ＋もの〉で「…がなければ」と、仮定を表わす用法としても使われます。これは、「条件・前提」を示す with の逆の意味の使い方ととらえればいいでしょう（⇨ with の「条件・前提を示して」［135 ページ］を参照）。

I don't know what I would do **without** you.
あなたなしでは、どうしていいかわからない。

I couldn't survive **without** my cell phone.
携帯電話がなければ生きていけない。

Without your help, we couldn't have done it.
あなたの助けなしに、それはできなかっただろう。

上の3つの例文は、それぞれ仮定法を使って次のように言い換えられます。

= If I didn't have your help, I don't know what I would do.
= If I didn't have my cell phone, I couldn't survive.
= If you hadn't helped us, we couldn't have done it.

また、〈without ＋感情を表わす語〉で、「…を感じることなく」という意味を表わします。

You can live here ***without*** any fear of crime.
ここでは犯罪を恐れることなく生活できます。

● **動名詞をともなって　「…せずに、…することなく」**
〈without ＋動詞の -ing 形〉で、「…しないで」という意味になります。

John used my computer ***without*** asking me.
ジョンは断りもなく私のコンピュータを使った。

Sally left the room ***without*** saying anything.
サリーは何も言わずに部屋を出ていった。

over

over の場合、位置的な感覚がとても重要です。対象となるものの上に、おおうように広がっているイメージが基本で、そこから越えるイメージ、わたるイメージ、支配するイメージへと派生していきます。

● 接触せずに上にある状態を示して 「…の真上に」

　over は、接触しないで上にあることを表わし、「…の真上に」といった意味になります。

There's a bridge *over* the river.
川には橋がかかっている。

I saw the moon *over* the ocean.
月が海の上にあるのが見えた。

My boss is always looking *over* my shoulder.
上司はいつも私の肩ごしにのぞいている。

● おおっている状態を示して 「…をおおって、…にかぶさって」

　over はものをおおっている状態も表わします。この場合、下のものに接触はしていますが、on のように密着してくっついているわけではありません。まさに、テーブルをおおうテーブルクロスが over のイメージになります。

Sam spread a tablecloth *over* the table.
サムがテーブルの上にテーブルクロスを広げた。

Pam put her hand *over* her mouth.

パムは口を手でおおった。

「上に」を表わす over, above, on の違い

次の例文を、前置詞の違いを出して日本語にすると、どうなるでしょうか？

1. Put this cover *over* the printer.
2. Put this cover *above* the printer.
3. Put this cover *on* the printer.

ネイティブの解釈はこうなります。

1. このカバーをプリンタにかぶせて。
2. このカバーをプリンタの上のほうに置いて。
3. このカバーをプリンタの上に置いて。

日本人は over と above, そして on を似たような前置詞だと感じるようですが、ネイティブの感覚ではかなり違います。over は「かぶせる感覚」で、**下になるもの（ここではプリンタ）より大きなものでおおうイメージ**になります。プリンタをカバーでおおった状態を思い描いてください。

above はプリンタ「**より上**」を指し（プリンタには接していない状態）、なおかつ**位置的に下になるもの（プリンタ）より「小さいもの」**に対して使います。つまり「プリンタよりも小さいサイズのカバーを、プリンタの上のほうに置いた」というイメージです。

一方、on は完全に接して上に載っていることを言い、プリンタの上にカバーが置かれた状態を表わします。

第1章 前置詞の使い方 | over

● 一面に広がっている状態を示して 「…の一面に、…じゅうに」

over の「おおっている」イメージは、「一面に広がって、…じゅうあちこちに」といった意味も表わします。all **over** ... で、all **over** the world（世界中に）, all **over** the nation [country]（国中に）などの言い回しはよく使われます。

Why are there files all **over** the floor?
どうして床じゅうにファイルが散らばっているの？

I've made a lot of friends all **over** the world.
私は世界中に友だちがいる。

● 頭上を越える移動を示して 「…を越えて、…ごしに、…の向こう側へ」

over には頭上を越えて移動するイメージもあります。

She dared to leap **over** the fence.
彼女は思い切って垣根を跳び越えた。

They went **over** a river.
彼らは川を渡った。

The troops flew **over** the border.
軍隊は国境を飛行機で飛んだ。

「越えて」を表わす over と across の違い

「泥棒はどうやってこの壁を乗り越えたの？」と言う時、次のどちらの文が適切でしょうか？

1. How did the robber climb **over** this wall?
2. How did the robber climb **across** this wall?

まず over と across の違いを考えましょう。over には、**over** the mountains（山を越えて）のように、上を越える「動作」の意味を含みます。そこには「下→上→下」という動きのイメージがあります。しかし across は、**across** the sea（空を横ぎって）のように、空をまっすぐ横ぎる「直線的なイメージ」になります。縦を意識したのが over であるのに対し、横を意識したのが across といってもいいでしょう。

そして動詞 climb（登る）にも、縦の動きが含まれています。したがって、climb「壁を乗り越える」は「下→上→下」という縦の動きがイメージされますから、やはり 1 の **over** this wall が自然です。インターネット検索結果もこうなりました（⇨ across の「横ぎる移動を示して」[157 ページ] も参照）。

```
climb over this wall     50,100
climb across this wall      900
```

● 困難や障害を乗り越えることを示して 「(難関など) を乗り越えて、(病気など) を克服して」

over は、困難や障害を乗り越えるという意味でも使われます。

I still haven't gotten **over** my dog's death.
私はまだ愛犬の死から立ち直れない。

I think I'm **over** my cold now.
もう風邪は治ったよ。

● 程度・数量などの超過を示して 「…より多く、…を超えて」

over 100 people（100 人より多く）などの表現で、over は程度や数量が想定よりも大きいことを表わします。

We got **over** 20 complaints about the noise.
その騒音に関して 20 を超える苦情を受けた。

Alice got a ticket for going ***over*** the speed limit.
アリスはスピード違反で切符を切られた。

ちなみに、over = more than であり、over 100 であれば、100 を含まずそれよりも大きな数値を指し（100 超）、厳密には「以上」ではありません。「100 以上」とはっきり言いたいのであれば、**100 and *over*** とすればいいでしょう。

「超越」を表わす over と above の違い

次の例文を、前置詞の違いを出して日本語にすると、どうなるでしょう？

1. They tried to shout ***over*** the noise of the helicopter.
2. They tried to shout ***above*** the noise of the helicopter.

1. 彼らはヘリコプターの騒音より大きな声で叫ぼうとした。
2. 彼らはヘリコプターの騒音を越えるさらに大きな声で叫ぼうとした。

英語としてどちらも問題ありませんが、***over*** the noise（騒音に負けないように）のほうが一般的な言い方でしょう。この場合の over は「…よりも大きく」という意味合いですが、**above** は over よりさらに強調的な表現となり、「…を超越して」というニュアンスになります。インターネットの検索ヒット数も以下のようになりました。

over the noise　　8,960,000
above the noise　　3,440,000

● 支配・優位を示して　「…を支配して、…を監督して、…を制して」

〈be 動詞 + ***over***〉, あるいは rule ***over*** ...（…を支配して）などの言い方で、over は対象となるものよりも上位にあることを表わします。

Jack want to rule ***over*** me, but he's really under me.
ジャックは私を支配したがっているが、実際は私より地位は下だ。

Henry got chosen *over* me because he has more experience.
ヘンリーは経験があるので私より優先的に選ばれた。

● 電話やラジオなどの手段を示して 「…によって、…で」
　また、talk *over* the phone（電話で話す）や、*over* the Internet（インターネットで）など、over は何かを経由した手段であることを表わします。

I talked with my wife about the matter *over* the phone.
妻とその件について、電話で話した。

Can you pay for it *over* the Internet?
インターネットでそれを支払えますか？

「手段」を表わす over と on の違い

「私は電話でこのことを話し合いたくはない」と言う場合は、次のどちらが適切でしょうか？

1. I don't want to discuss this *over* the phone.
2. I don't want to discuss this *on* the phone.

over にも on にも「手段・方法」を表わす用法があるため、どちらの前置詞を使っても自然です。ただし、ニュアンスが微妙に異なります。1の *over* the phone は、「電話ごしに」と何かを経由した手段であることを表わしますが、2の *on* the phone は「電話を使って」と道具などの手段を指します。インターネットの検索ヒット数は次のようになりました。

discuss this *over* the phone　　47,900
discuss this *on* the phone　　　92,200

一般的には、単純に手段を表わす *on* the phone のほうが、やや好まれて使われているようです。

● **時間・期間を示して** 「…のあいだに、…じゅうずっと、…しながら」

over a period（ある期間にわたって）や **over** a few months（数か月のあいだに）など、over はある時間・期間内において何かに従事していることを表わします。

Over the next few days, I learned all about the new project.
この数日で、新しいプロジェクトのすべてを学んだ。

ここから派生して、over は「(飲食・仕事など) をしながら」という意味でも使われます。

Why don't we discuss this **over** lunch?
= Why don't we discuss this at lunch?
昼食を取りながらこのことについて話し合わない？

「期間」を表わす over, during, in の違い

次の例文を、前置詞の違いを出して日本語にすると、どうなるでしょう？

1. Legal abortion has increased dramatically **over** the last three years.
2. Legal abortion has increased dramatically **during** the last three years.
3. Legal abortion has increased dramatically **in** the last three years.

ネイティブの解釈はこうなります。

1. 合法の堕胎は、過去3年にわたって、劇的に増加している。
2. 合法の堕胎は、この3年のあいだに、劇的に増加している。
3. 合法の堕胎は、過去3年で、劇的に増加している。

いずれも英語として間違いはありませんが、ニュアンスが多少異なります。1の **over** the last three years は、「過去3年にわたって」と、その期間をある程度長いものとしてとらえている感じが読み取れます。一方、2の during は「…のあいだずっと」と「その

期間ずっとそうしていた」と強調する言い方になります。そしてこの3つの中では、3 の in が、特にそのような期間を強調しないニュートラルな言い方になります。インターネット検索結果は次のようになりました。

over the last three years　　2,550,000
during the last three years　2,880,000
in the last three years　　　7,780,000

in がもっとも普通の言い方であると、この結果からもわかると思います。では、この期間を three seconds（3秒）とするとどうなると思いますか？　インターネット検索結果は、以下のとおりです。

over the last three seconds　　　12
during the last three seconds　56,900
in the last three seconds　　　53,200

over はある程度長い期間に対して使われるので、「3秒」のような短い時間に対して用いるのを、ネイティブは不自然と感じます。この場合、during や in で表わすのが一般的です。

across

across は、基本的には「…を越えて」「…を横ぎって」「…の向こうに」と位置や移動を表わす前置詞ですが、そこから派生して概念的な広がりも表わします。動詞の cross や over, around, throughout といった前置詞との違いを意識してみてください。

● 横ぎる移動を示して「…を横ぎって」「…を越えて」

across borders（国境を越えて）や *across* the road（道路を横ぎって）のような言い方で、across は**横ぎる移動**を表わし、しばしば動詞の cross で言い換えられます。

We can't walk *across* the street here.
= We can't cross the street here.
ここでは通りを渡ることができない。

How did you get *across* the border?
= How did you cross the border?
どうやって境界線を越えた？

「移動」を表わす across と over の違い

「ジャックは全国をドライブした」と言う時、次のどちらの文が自然でしょうか？

1. Jack drove *across* the country.
2. Jack drove *over* the country.

この場合、正しいのは 1 です。*across* the country で「全国に」と縦横無尽に横ぎる

イメージになります。***across*** the sea ＝ ***over*** the sea（海外へ、海を越えて）で、across と over はほぼイコールで言い換えられることが多いのですが、すべてを言い換えられるわけではありません。over は「上」を意識した表現のため、例文のような表現に対しては不自然になります。ただし、Jack drove all ***over*** the country. とすれば、この over は「…じゅうに」と「一面に広がっている状態」（151 ページ参照）を示すので、自然な言い方になります。

● 位置を示して 「…の向こう（側）に、…の反対（側）に」

across the street（道路の向こう側）や ***across*** the river（川の向こう側）、あるいは ***across*** the table（テーブルをはさんで）など、across は位置的に反対側にあることを表わします。

My office is just ***across*** the street from here.
職場はちょうどここから道を渡ってすぐのところです。

Sally called to me from ***across*** the room.
サリーは部屋の向こうから私を呼んだ。

The man and the woman were facing each other ***across*** the table.
その男女はテーブルをはさんで互いに向かい合っていた。

● 広がりを示して 「(国・地域など) のいたるところに ［で、の］、(いくつかのグループ・タイプなど) にわたって (一律に)」

across the globe（全世界中で）などの言い方で、across は（国・地域などの）いたるところに広がっている様子を表わします。

He has reached out ***across*** the globe to people who long for liberty.
彼は全世界の自由を求める人たちに手を差し伸べている。

「広がり」を表わす across, throughout, around, all over の違い

次のフレーズを、前置詞の違いを出して日本語にすると、どうなるでしょうか？

1. popular *across* the country
2. popular *throughout* the country
3. popular *around* the country
4. popular *all over* the country

ネイティブの解釈はこうなります。

1. こちらからあちらまで、人気が国中に広がっている。
2. 全国津々浦々、隅から隅まで人気がある。
3. 国中で全体的に人気がある。
4. 国中あちこちで人気になっている。

1の *across* the country は横ぎるイメージから、「こちらからあちらまで」と伝播していく様子を表わす、宣伝文句に使いそうなフレーズです。また、人気がここからあちらまで広がったイメージもあります。

2の *throughout* には「初めから終わりまで」という含みがあるので、「国中あますところなく隅々まで」という意味になります。

3の *around* the country と 4 の *all over* the country はとても似ていますが、around のほうが「国中丸ごと」という意味合いが強くなります。

4の *all over* the country は広がりというより、「あちこちで勃発する、発生する」イメージです。Earthquakes occurred *all over* the country.（地震が国中あちこちで起こった）という言い方もよくします。

意識して使い分けるネイティブがどの程度いるかは不明ですが、このようなニュアンスの違いがあると思います。では、この中でもっとも一般的な表現はどれだと思いますか？　インターネット検索結果は次のようになりました。

1. popular *across* the country　　76,700
2. popular *throughout* the country　58,100
3. popular *around* the country　　54,100
4. popular *all over* the country　　39,500

大差はつかないものの、1の *across* the country がもっともよく使われているようです。

また、この across の「広がり」のイメージは場所だけでなく、「(いくつかのグループやタイプなど) にわたって [を超えて一律に]」といった意味でも使われます。across the language barrier（言語の壁を超えて）や across all faiths（宗派を超えて）のような言い方もよくします。

This movie is popular *across* (all) generations.
この映画は世代を超えて人気がある。

around [round]

around は何かの周りをぐるりと取り囲むイメージの語です。「おおよそ」や「…に基づいて」、あるいは「…を避けて」といった意味も示します。なお、一般的にアメリカ英語では around、イギリス英語では round が使われますが、ここではすべて around として紹介します。

● **周囲を示して　「…の周りに、…を囲んで」**
　around は、対象となるものの周りを囲んだ状態を表わします。

Let's sit *around* the table and brainstorm.
テーブルを囲んでブレインストーミングをしよう。

I'm 32 inches *around* the waist.
私はウエスト 32 インチだ。

● **移動しながらまわることを示して　「…の周りをぐるっとまわって、(角を曲がるように) …をまわって」**
　go *around*（周りをまわる）や travel *around*（旅してまわる）など、around は移動しながらまわることを表わします。

The earth goes *around* the sun.
地球は太陽の周りをまわる。

I walked *around* the city.
町じゅうを歩きまわった。

● **周辺を示して**　「…の周辺に、…の近く[付近]に、…のあたりに」
around the town（町の周辺で）などの言い方で、around は「周辺」も示します。

She lives somewhere ***around*** Yokohama.
彼女はどこか横浜の近くに住んでいる。

It's getting really messy ***around*** here.
ここはとても散らかっている。

around here は「このあたりに[この近くに]」とよく訳されますが、実際のネイティブのニュアンスは、「ここ！」と here を強調した言い回しです。ですから、この例文も「ここはとても散らかっている」という意味合いになります。

「周囲・周辺」のイメージから派生して、around は「…の側近に」とか、「…を取り巻いて」「…と親しい関係にある」といった意味で使われることもあります。

His friends were ***around*** him at the graduation ceremony.
彼は卒業式で友だちに取り巻かれた。

「周囲・周辺」を表わす around と near の違い

では、この「周囲・周辺」の近さを考えてみましょう。
「私には親友がたくさんいる」と言う時、次のどちらの文が適切でしょうか？

1. I have a lot of good friends ***around*** me.
2. I have a lot of good friends ***near*** me.

自然な表現は 1 の ***around*** me です。「親密さ」を表わすのは 1 の around のみで、2 の near は距離的な近さを表わします。ただし、距離の近さに関しても、1 の around のほうが near よりも近いイメージになります。

● 時間・人数・年齢などの概数を示して 「…頃、約…」

　around the age of ... (…歳前後) などの言い方で、around は時間や人数、年齢などの概数を示します。

　It costs *around* 10,000 yen.
　それは1万円ぐらいした。

　I'll visit your office at *around* 3:00.
　3時頃、御社をお訪ねします。

　about も、副詞もしくは前置詞として、「…頃」という意味で使われることがあります。

　I got up at *about* 5:00.
　5時頃起きました。

　この about は副詞ととらえることもできます。また、副詞 approximately も「おおよそ、ほぼ、大体」の意味で使われます。以下、その違いを確認しましょう。

「概数」を表わす around, about, approximately の違い

　次の例文を、around, about, approximately の違いを出して日本語にすると、どうなるでしょう？

1. We'll get there at *around* 3:00.
2. We'll get there at *about* 3:00.
3. We'll get there at *approximately* 3:00.

　ネイティブの解釈はこうなります。

1. 大体3時頃にそこへ着くよ。
2. 3時をめざしてその頃にはそこへ着くよ。
3. 3時頃にそこへ着くよ。

about ＝ around と考えている人は多いようですが、ネイティブは「about は around より正確で、around は about より大雑把」に感じます。そのため、1 の *around* 3:00 は「大体3時頃」とかなり曖昧で幅のある表現ですが、2 の *about* 3:00 は around より 3 時に近い、より正確な時間を指します。

また around は「…頃、約…」の意味しかありませんが、about には「…頃、約…」のほか「…の前」というニュアンスがあります。

たとえば、It's *around* 3:00. なら「大体3時頃だ」ですが、It's *about* 3:00. なら「(今 3時前だが)もう少しで3時だ」となります。

3 の approximately は副詞ですが、around や about の代わりによく使われます。about に近い使い方で、大体ではあるが、なるべく正確に表現したい場合に用います。正確な値に近いことを強調した語、と考えてもいいかもしれません。We'll get there at *approximately* 3:00. は「ほぼ3時で、前後するとしてもほんの数分」というイメージで、It's *approximately* 3:00. なら「ほぼ3時だ」となります。曖昧な順に並べれば、around → about / approximately となるでしょう。

では、次の表現はどうでしょうか？

1. It'll cost *around* 50 dollars.
2. It'll cost *about* 50 dollars.
3. It'll cost *approximately* 50 dollars.

ネイティブの解釈はこうなります。

1. 大体50ドルぐらいかかる。
2. 約50ドルかかる。／50ドルはかからない。
3. ほぼ50ドルかかる。

> about は、「約…」だけでなく「…の前」のニュアンスもあるため、「約 50 ドルかかる」だけでなく、「50 ドルはかからない[50 ドル未満で抑えられる]」という意味にもなります。

● 基準を示して 「…に基づいて、…を中心にして」

build **around** ...（…を中心に構築する）などの言い方で、around は考えの基準となるものを表わします。

His theory was built **around** faulty information.
= His theory was built on faulty information.
彼の学説は間違った情報に基づいて作られた。

The story is written **around** the life of an actress.
その物語は、ある女優の一生を中心に書かれている。

● 回避を示して 「…を遠まわりして、…を避けて、…を迂回して」

around には、障害となるものを「避けて、迂回して」という意味合いもあります。

I'm in a hurry, so let's go **around** the town and not through it.
急いでいるなら、町を通り抜けるのではなく迂回しよう（急がばまわれ）。

We'll have to fire him. There's no way **around** it.（= There's no way to avoid it.）
彼を解雇しないと。ほかに方法はない。

before

before は時間的・位置的な「前」だけでなく、そこから派生して「…の前途に」「…に優先して」という意味でも用いられます。しかし、いずれも「前」というイメージに基づいていますので、比較的理解しやすい前置詞といえるでしょう。

● **時間を示して 「…の前に、…より先に」**

 the day **before** yesterday（一昨日）や **before** dark（日が暮れる前に）など、before は基準となる時間よりも前であることを表わします。

 Let's talk about this **before** the meeting.
 会議の前にこのことについて話し合おう。

 Let's meet at about 15 **before** 5:00 (4:45).
 5時15分前くらい（4時45分頃）に会おう。

● **位置・場所を示して 「…の前に[で]、…の面前に[で]」**

 before は位置・場所も示します。格式ばった言い方で、「人」あるいは「機関」などの前によく使われます。

 I have to appear **before** the judge.
 裁判官の前に姿を現わさなくてはいけない。

 また、議論や裁定のために委員会や法廷などの前に引き出す［かける、持ち出す］という意味でも使われます。

Let's put this issue *before* the Board of Directors.
この問題を役員会にかけよう。

しかし、建物などの「前」を示す時は、in front of を使うのが普通です。

There's a large cherry tree *in front of* the building.
建物の前に大きな桜の木がある。

では、before と in front of の違いをもう少し見てみましょう。

> ### 「前」を表わす before と in front of の違い
>
> 「それはまさに私の目の前で起こった」と言う時、次のどちらが自然な英語になるでしょうか?
>
> 1. It happened right *before* my eyes.
> 2. It happened right *in front of* my eyes.
>
> この2つはほぼ同じような意味になりますが、強いて言えば2の right *in front of* my eyes のほうが「前」を強調した言い方になります。そのため突然、何か大変なことが起きた場合は、right *in front of* my eyes がよく使われます。一方、1の right *before* my eyes は、2に比べるとやや冷静な表現に聞こえます。
>
> いずれも自然な英語ですが、インターネット検索結果によると、2の大げさな表現のほうがやや多いようです。
>
> right *before* my eyes　　　1,250,000
> right *in front of* my eyes　1,350,000

● **前途などを示して 「…の前途に、…を待って、…の前に示されて［用意されて］」**
　また、「位置・場所」の前を示すことから、before は「…の前途に、…を待って」といった意味でも用いられます。

　We have a huge job ***before*** us.
　= We have a huge job ahead of us.
　目の前に大きな仕事が待っている。

● **優先・選択を示して 「…よりはむしろ」**
　before はまた、優先や選択の意味も示します。「…よりむしろ〜を優先して」「…であれば〜を選ぶ」というニュアンスが示されます。

　For him, his family comes ***before*** everything.
　彼は家族を最優先にする。

　I would die ***before*** working for Sally.
　サリーに仕えるくらいなら死にたい。

below

belowは、基本的に、位置や数量、質などが「低い」「下である」ことを表わします。そのことから、「…の下流に」、あるいは「…未満」「…より劣って」という意味でも使われます。

● 位置を示して 「…より下に［へ］」

below the surface（水面下で）や ***below*** sea level（海面下に）など、belowは位置的に基準となるものよりも低いことを表わします。

The sun has sunk ***below*** the horizon.
太陽は地平線下に没した。

「下に」を表わす below と under の違い

では、上の例文を変形し、「太陽が地平線の下に沈むのを見た」と言う時、次のどちらが適切でしょうか？

1. We watched the sun sink ***below*** the horizon.
2. We watched the sun sink ***under*** the horizon.

英語としてはどちらも間違いではありませんが、ネイティブがより自然だと思うのは1です。1のsink ***below*** ... のbelowは「（地平線などの）基準となる線の下」というイメージですが、2のsink ***under*** ... のunderは「（水や土［地面］などの）下に［へ］」というイメージです。***below*** sea level（海面より低い）と言うように、belowは「基準となるもの」を意識した表現になります。

一方underは、***under*** the water（水中に）のように、ただ単に「対象となるものの下」

を表わします。インターネット検索結果は、以下のとおりとなりました。

1. The sun sinks **below** the horizon.　20,500
2. The sun sinks **under** the horizon.　　9,150

では、「海中に沈んだ」と言う場合はどうでしょう。この場合、海は基準とは考えにくいため、under がより適切となります。

sink **below** the sea　　19,300
sink **under** the sea　　52,800

● 下流を示して　「…の下流に」
below は「(川など) の下流」の意味でも使われます。

The waterfall is a few kilometers **below** the bridge.
その滝は橋から数キロ下流にある。

under は基本的に「真下」を指すので、**under** the bridge は「橋の下」となります。

● 数量・年齢などを示して　「…より下で [に]、…未満で」
 children **below** the age of 15 (15歳未満の子供) のような言い回しで、below は数量や年齢などがある基準より低いことを表わします。

People **below** (the age of) 20 can't drink alcohol.
20歳未満の方は、飲酒できません。

The temperature right now is 15 **below** 0.
今の気温はマイナス15度です。

この2つの例文は、どちらも under で言い換えられます。

○　People **under** (the age of) 20 can't drink alcohol.
○　The temperature right now is 15 **under** 0.

under の「年齢・時間・距離・数量などを示して」（174 ページ）の項も参照してください。

● 能力・質を示して　「…よりも劣って」
　能力や成績、あるいは生活などの**質が、基準よりも劣っていることを**示す時にも、below が使われます。

Sam's sales performance was a little **below** average.
サムの営業成績は平均をやや下まわっていた。

Half the population lives **below** the poverty line.
人口の半分は、最低生活水準を下まわる暮らしをしている。

　この場合、能力や質の基準や水準を「線」でとらえるため、under ではなく below を使って表現します。

under

under =「下」と覚えているでしょうが、さらに「何かにおおわれた状態」をイメージするといいでしょう。そこから派生して「…の支配の元に」「…の重荷を背負って」という意味でも用いられます。同義語とされる below や beneath, underneath との違いに注意してください。

● 位置を示して 「…の下に、…の下のほうに」

under the table（テーブルの下に）や **under** the bridge（橋の下に）など、under はあるものの下にあることを表わします。

I put the files **under** the table.
テーブルの下にファイルを置いた。

He carried about five books **under** his arm.
彼は小脇に5冊の本を抱えていった。

「下に」を表わす under, below, beneath, underneath の違い

次の例文を、前置詞の違いを出して日本語にすると、どうなるでしょう？

1. Let's go **under** the bridge.
2. Let's go **underneath** the bridge.
3. Let's go **below** the bridge.
4. Let's go **beneath** the bridge.

ネイティブの解釈はこうなります。

1. 橋の下をくぐって向こう側に行こう。
2. 橋の下に行こう（くぐって向こう側には行かず、その場にとどまるイメージ）。
3. 橋の下流に行こう。
4. 橋の下のおおわれている場所に行こう。

　もっとも一般的な表現は1の go **under** the bridge です。これは The car went **under** the bridge.（車が橋の下を通っていった）のように、橋の下をくぐって向こう側に出ていくイメージになります。このように、**何かの下をくぐる感覚が under** です。
　2の go **underneath** the bridge は、**向こう側には抜け出ていない可能性**があります。たとえば、竜巻から逃げるために橋の下へ行く（橋の下へ逃げ込む）なら、このような表現も不自然ではないでしょう。
　3の go **below** the bridge は、橋の下へ行く道が見つからないので、川に沿って橋の下流へ行こうとするイメージになります。below には「…よりさらに下」というニュアンスがあるため、We set up our camp along the river **below** the bridge. なら、「橋の下流にキャンプを張った」となります（⇨ below の「下流を示して」[170ページ]の項も参照）。しかし、この表現はやや曖昧で、「橋のすぐ下」と解釈することもできます。
　3の go **below** the bridge と4の go **beneath** the bridge は、あまりイメージ的には変わりません。**beneath は何かがかぶさって下になっている状態**を指し、The dog crawled **beneath** the blanket.（その犬は毛布の下で腹ばっていた）というイメージです。よほど特殊な形の橋でない限り、**beneath** the bridge は使われることはありません。
　インターネット検索結果は、以下のようになりました。

Let's go **under** the bridge.　　　　　124,000
Let's go **underneath** the bridge.　　16,900
Let's go **below** the bridge.　　　　　50,600
Let's go **beneath** the bridge.　　　　6,510

　では「彼は私の部下である／彼は私の下にいる」と言う時、次のどの文が適切でしょうか？

1. He's *under* me.
2. He's *underneath* me.
3. He's *below* me.
4. He's *beneath* me.

　会社組織を想定すると、一般的なのは 1 の under です。ただし、これは曖昧な表現で、具体的に言う必要がない場合に使われます。
　2 の underneath は「私よりも下だ」と強調する言い方になるので、言われた本人 (he) はあまりいい気持ちがしないでしょう。
　3 の below は「私のすぐ下」ではなく、「何段階か下」のレベルの場合に使う言い方です。一方、4 の beneath は、「私のすぐ下」というイメージになります。
　ニュアンスを出せばこのようになりますが、どれを使っても特に問題はありません。インターネット検索結果は、次のようになりました。

He's *under* me	52,200
He's *underneath* me	1,020
He's *below* me	13,800
He's *beneath* me	18,200

● 年齢・時間・距離・数量などを示して「…未満で」
　年齢であれば「…歳未満」、時間であれば「…時間［分、秒］未満」と、under は**基準となる数字よりも下まわること**を表わします。
　日本語で「20 歳以下」といえば、「20 歳も含まれる」ことになりますが、「20 歳未満」であれば、「20 歳よりも下」つまり「19 歳以下」となります。
　under はまさに日本語の「未満」にあたることに注意しましょう。

No one *under* the age of 20 is allowed in.
20 歳未満の人は入室を許可されていない。

I can finish that project in **under** 30 minutes.
= I can finish that project in less than 30 minutes.
30分もたたないうちにそのプロジェクトを終わらせられるよ。

● **支配・従属・監督・保護などを示して 「…下で、…の支配を受けて、…に監督されて」**
under はなんらかの影響の「下」にある状況も表わします。支配、従属、監督、保護など、さまざまな意味で使われます。

The economy will improve **under** the new prime minister.
新しい首相のもと、経済はよくなるだろう。

She studied the violin **under** a famous German violinist.
有名なドイツ人バイオリニストのもとで私はバイオリンを学んだ。

Don't worry. Everything is **under** control.
心配しないで。すべて管理しています。

● **法令・規則などを示して 「…にしたがって、…によって」**
under the law(法に基づいて)や **under** the agreement(合意によると)など、under は法律や規則などに基づいていることも表わします。

We're still **under** a three-year contract.
まだ3年の契約がある。

Under this agreement, we're not allowed to export our products.
この合意により、弊社の製品の輸出が許可されない。

● **負担・圧迫・苦しみを示して 「…のために、…の(重荷を)負って」**
under the pressure of ...(…に迫られて)や **under** the burden of ...(…の重荷のために)などの言い方で、負担や圧迫、苦しみを示すこともあります。

Working *under* the pressure of deadlines was too much stress for her.
締め切りに追われて働くことは、彼女にとってあまりにストレスが大きかった。

He went bankrupt *under* the burden of heavy debt.
多額の負債により、彼は破産した。

● 状態・状況下にあることを示して 「…中で、…されていて」

under construction（建設中で）や *under* development（開発中で）など、under は作業などが進行中であることを表わします。

The cause of the defect is *under* investigation now.
その欠陥の原因は今調査中だ。

That issue is still *under* discussion.
その件はまだ協議中だ。

第 2 章

前置詞の問題

前置詞の問題に挑戦！

まとめとして、英語の名言の中で前置詞がどのように使われているか見ていきましょう。

【問題】
次の各文の下線部にあてはまる前置詞を答えなさい。

※解答以外の前置詞があてはまる場合もありますが、ここではあくまで名言として伝わっている文中の前置詞を正解とします。

1.
The road to success is always _____ construction.
成功への道はつねに工事中だ。（リリー・トムリン）

2.
If you want to make good use _____ your time, you've got to know what's most important and then give it all you've got.
時間を有効に使いたければ何がいちばん大切かを知り、自分のすべてをそれに捧げるのだ。（リー・アイアコッカ）

3.
Wisdom is the power to put our time and our knowledge _____ the proper use.
知恵とは、時間と知識を適切に使う力のことだ。（トーマス・J・ワトソン）

正解：under

The road to success is always *under* construction.（Lily Tomlin）

※状態・状況下 ➡ 176ページ

正解：of

If you want to make good use *of* your time, you've got to know what's most important and then give it all you've got.（Lee Iacocca）

※目的語の関係 ➡ 68ページ

正解：to

Wisdom is the power to put our time and our knowledge *to* the proper use.（Thomas J. Watson）

※目的 ➡ 8ページ

4.
Roll up our sleeves, and come on up _____ the rising.
腕をまくり上げて、一緒に立ち上がろう。（ブルース・スプリングスティーン）

5.
People rarely succeed unless they have fun _____ what they are doing.
自分が楽しまない限り、まず成功しない。（デール・カーネギー）

6.
If everything seems to be _____ control, you're just not going fast enough.
もしすべてがうまくいっているように思えたら、あなたのスピードでは遅いということだ。（マリオ・アンドレッティ）

7.
Everything that is happening _____ this moment is a result of the choices you've made _____ the past.
今この瞬間に起きているすべてのことは、あなたがこれまで選択してきたことの結果だ。（ディーパック・チョプラ）

8.
Don't spend time beating _____ a wall, hoping to transform it _____ a door.
いつか扉に変わるだろうと期待しながら、壁をたたきつづけるようなことに時間を費やしてはいけない。（ココ・シャネル）

正解：for

Roll up our sleeves, and come on up *for* the rising. (Bruce Springsteen)

※目的　➡　87ページ

正解：in

People rarely succeed unless they have fun *in* what they are doing. (Dale Carnegie)

※関心・興味の対象　➡　40ページ

正解：under

If everything seems to be *under* control, you're just not going fast enough. (Mario Andretti)

※支配・従属　➡　175ページ

正解：at, in

Everything that is happening *at* this moment is a result of the choices you've made *in* the past. (Deepak Chopra)

※at：具体的な時　➡　18ページ　／　in：期間　➡　30ページ

正解：on, into

Don't spend time beating *on* a wall, hoping to transform it *into* a door. (Coco Chanel)

※on：接触　➡　42ページ　／　into：変化　➡　106ページ

9.
What is required of us now is a new era _____ responsibility.
われわれに今求められているのは、新たな責任の時代だ。(バラク・オバマ)

....

10.
If you can dream it, you can do it. Your limits are all _____ yourself.
夢見ることができれば、それは実現できる。限界はすべて自分自身の中にあるのだ。(ブライアン・トレイシー)

....

11.
You've got to win _____ your mind before you win _____ your life.
人生で勝つ前に、まず自分の心の中で勝たなくてはならない。(ジョン・アディソン)

....

12.
If there is any one secret of success, it lies _____ the ability to get the other person's point of view and see things _____ that person's angle as well as _____ your own.
成功の秘訣というものがあるなら、それは、他人の考え方を知り、自分同様にその人の見方でものを見ることができる能力に見いだせる。(ヘンリー・フォード)

....

13.
The highest reward _____ a man's toil is not what he gets _____ it but what he becomes _____ it.
労苦に対する最高の報酬は、それによって何を得たかではなく、それによって何になったかだ。(ジョン・ラスキン)

第2章 前置詞の問題

正解：of

What is required of us now is a new era *of* responsibility. (Barack Obama)

※性質・特徴 ➡ 62ページ

正解：within

If you can dream it, you can do it. Your limits are all *within* yourself. (Brian Tracy)

※内部 ➡ 145ページ

正解：in, in

You've got to win *in* your mind before you win *in* your life. (John Addison)

※範囲・条件 ➡ 34ページ

正解：in, from, from

If there is any one secret of success, it lies *in* the ability to get the other person's point of view and see things *from* that person's angle as well as *from* your own. (Henry Ford)

※in：範囲・条件 ➡ 34ページ ／ from：視点・観点 ➡ 98ページ

正解：for, for, by

The highest reward *for* a man's toil is not what he gets *for* it but what he becomes *by* it. (John Ruskin)

※for：利益を受ける対象・受け取る対象 ➡ 83ページ ／ by：手段 ➡ 71ページ

14.
If you want to be successful, it's just this simple: Know what you are doing, love what you are doing, and believe _____ what you are doing.
成功したいなら、簡単なことさ。自分がやっていることを知り、愛し、信じることだ。（ウィル・ロジャース）

15.
_____ this business, _____ the time you realize you're _____ trouble, it's too late to save yourself. Unless you're running scared all the time, you're gone.
この業界では、まずいと思った時はもう手遅れだ。つねに危機感を持っていない限り、生き残れはしない。（ビル・ゲイツ）

16.
Until you value yourself, you will not value your time. Until you value your time, you will not do anything _____ it.
自分を大切にしなければ時間の価値はわからないだろう。時間の価値がわからない限り、時間をうまく使えないだろう。（M・スコット・ペック）

17.
We keep moving forward, opening new doors, and doing new things, because we're curious, and curiosity keeps leading us _____ new paths.
新しい扉を開き、新しいことをやりながらわれわれは前進する。なぜならわれわれには好奇心があり、好奇心が新しい道へと導きつづけるからだ。（ウォルト・ディズニー）

正解：in

If you want to be successful, it's just this simple: Know what you are doing, love what you are doing, and believe **in** what you are doing. (Will Rogers)

※関心・興味の対象 ➡ 40ページ

正解：In, by, in

In this business, ***by*** the time you realize you're ***in*** trouble, it's too late to save yourself. Unless you're running scared all the time, you're gone. (Bill Gates)

※in：従事 ➡ 36ページ ／ by：期限 ➡ 76ページ ／ in：状況 ➡ 34ページ

正解：with

Until you value yourself, you will not value your time. Until you value your time, you will not do anything ***with*** it. (M. Scott Peck)

※with：付帯状況 ➡ 134ページ

正解：down

We keep moving forward, opening new doors, and doing new things, because we're curious, and curiosity keeps leading us ***down*** new paths. (Walt Disney)

※通り沿い ➡ 116ページ

18.
Twenty years _____ now you will be more disappointed _____ the things you didn't do than by the ones you did do. So throw off the bowlines. Sail away _____ the safe harbor. Catch the trade winds _____ your sails. Explore. Dream. Discover.

今から20年後、したことよりもしなかったことに失望するだろう。だから綱を投げ捨てるんだ。安全な港から出港しろ。貿易風を帆に受けろ。冒険しろ。夢を見ろ。発見するんだ。（マーク・トウェイン）

19.
Really big people are, above everything else, courteous, considerate and generous — not just to some people _____ some circumstances — but to everyone all the time.

本当の大物は、何よりも礼儀正しく、思慮深く、寛大だ——状況次第ではなく、つねに誰に対しても。（トーマス・J・ワトソン）

20.
Don't tell people how to do things, tell them what to do and let them surprise you _____ their results.

やり方ではなく何をすべきかを教え、人がその結果であなたを驚かせるよう仕向けるのだ。（ジョージ・S・パットン）

正解：from, by, from, in
Twenty years *from* now you will be more disappointed *by* the things you didn't do than by the ones you did do. So throw off the bowlines. Sail away *from* the safe harbor. Catch the trade winds *in* your sails. Explore. Dream. Discover.（Mark Twain）

※from：時間の起点　➡　96ページ　／　by：動作主　➡　70ページ　／
　from：動作の起点　➡　95ページ　／　in：手段・方法　➡　38ページ

正解：in
Really big people are, above everything else, courteous, considerate and generous — not just to some people *in* some circumstances — but to everyone all the time.（Thomas J. Watson）

※状況　➡　34ページ

正解：with
Don't tell people how to do things, tell them what to do and let them surprise you *with* their results.（George S. Patton）

※手段　➡　130ページ

INDEX
前置詞索引

- アルファベット順。
- 第1章で見出しを立てて紹介した前置詞は、太字で示した。そのページも、同様に太字で示した。
- それ以外の前置詞については、スミで囲んだ「各前置詞の違い」に出てくるページを拾った。

about   **55-57**, 86, 163-165
above   150, 153
across   151-152, **157-160**
after   **118-124**
against   139-140
all over   159-160
along   44
alongside   126-128
among   59-60
around [round]   56-57, 159-160, **161-165**
at   **16-25**, 26-28, 77, 97, 138
before   77, **166-168**
behind   75, 122
below   **169-171**, 172-174
beneath   172-174
beside   126-127
by   15, 50-51, **70-82**, 130-131
down   **115-117**
during   155-156
for   10-13, **83-94**
from   20, 49, 66, 69, **95-102**
in   16-19, **26-41**, 43-47, 72, 103, 119-120, 142-143, 145-146, 155-156

in front of   167
inside   32
into   3-4, 30, **103-111**
near   15, 162
next to   15, 74, 127
of   13, 33-34, **58-69**, 97-98
on   18-19, 28-29, **42-54**, 55-56, 150, 154
out of   33-34, 99
outside   17-18
over   **149-156**, 157-158
since   118-119
throughout   159-160
to   **2-15**, 23-24, 84, 87-88, 91-92, 133-134
toward   2-3
under   144, 169-170, **172-176**
underneath   172-174
until   78
up   **112-114**
with   9, 15, 37, 39, 45-46, 70-71, 75, 98, 101-102, **125-141**
within   31-32, **142-146**
without   147-148

to

at

in

on

about

of

by

for

from

into

up

down

after

with

within

without

over

across

around

before

below

under

● 著者紹介 ●

デイビッド・セイン（David A. Thayne）

　1959年アメリカ生まれ。カリフォルニア州アズサパシフィック大学（Azusa Pacific University）で、社会学修士号取得。　証券会社勤務を経て、来日。日米会話学院、バベル翻訳外語学院などでの豊富な教授経験を活かし、現在までに120冊以上、累計300万部の著作を刊行している。日本で30年近くにおよぶ豊富な英語教授経験を持ち、これまで教えてきた日本人生徒数は数万人におよぶ。英会話学校経営、翻訳、英語書籍・教材制作などを行なうクリエーター集団AtoZ（www.atozenglish.jp）の代表も務める。著書に、『ネイティブが教える　英語の句動詞の使い方』『ネイティブが教える　ほんとうの英語の助動詞の使い方』『ネイティブが教える　英語の形容詞の使い分け』『ネイティブが教える　ほんとうの英語の冠詞の使い方』『ネイティブが教える　英語の動詞の使い分け』『ネイティブが教える 英語の語法とライティング』(研究社)、『爆笑！英語コミックエッセイ 日本人のちょっとヘンな英語』『CDブック　聞くだけで話す力がどんどん身につく英語サンドイッチメソッド』(アスコム)、『英語ライティングルールブック──正しく伝えるための文法・語法・句読法』(DHC)、『その英語、ネイティブにはこう聞こえます』(主婦の友社)、『ネイティブはこう使う！マンガでわかる前置詞』(西東社) など多数。

古正佳緒里（ふるしょう　かおり）

● 執筆協力 ●
Malcolm Hendricks

● イラスト ●
今川裕右

● 編集協力 ●
杉山まどか

ネイティブが教える
ほんとうの英語の前置詞の使い方
Mastering English Prepositions

● 2014年7月11日　初版発行 ●
● 2019年7月26日　4刷発行 ●

● 著者 ●

デイビッド・セイン（David A. Thayne）

古正 佳緒里（AtoZ）

Copyright © 2014 by AtoZ

発行者　●　吉田尚志

発行所　●　株式会社 研究社

〒102-8152　東京都千代田区富士見 2-11-3

電話　営業 03-3288-7777（代）　編集 03-3288-7711（代）

振替　00150-9-26710

http://www.kenkyusha.co.jp/

KENKYUSHA

装丁　●　久保和正

組版・レイアウト　●　AtoZ

印刷所　●　研究社印刷株式会社

ISBN 978-4-327-45262-9 C0082　Printed in Japan

価格はカバーに表示してあります。

本書のコピー、スキャン、デジタル化等の無断複製は、著作権法上での例外を除き、禁じられています。また、私的使用以外のいかなる電子的複製行為も一切認められていません。

落丁本、乱丁本はお取り替え致します。
ただし、古書店で購入したものについてはお取り替えできません。

研究社の出版案内

大好評!! 「ネイティブが教える」シリーズ
セイン先生がずばり教えます!

デイビッド・セイン

ネイティブが教える
英語の句動詞の使い方

デイビッド・セイン
古正佳緒里〔著〕

A5判 並製 220頁
ISBN978-4-327-45261-2

この1冊でネイティブ感覚の句動詞の使い方が学べる!
100の基本動詞からなる合計1000以上の句動詞表現を、生き生きとした会話表現によって紹介します。

ネイティブが教える
ほんとうの英語の助動詞の使い方

デイビッド・セイン
古正佳緒里〔著〕

A5判 並製 188頁
ISBN978-4-327-45260-5

今度は「助動詞」を完全マスター!
can, could, may, might, must, shall, should, will, would の9つの助動詞を中心に、その使い分けやニュアンスの違いを解説。

ネイティブが教える
英語の形容詞の使い分け

デイビッド・セイン
古正佳緒里〔著〕

A5判 並製 224頁
ISBN978-4-327-45256-8

状況に応じた英語の形容詞の使い分けを教えます。
同じ意味の形容詞から、ネイティブがよく使うと思われる5語を選び、それぞれのニュアンスの違いを例文を示しながら説明します。

ネイティブが教える
ほんとうの英語の冠詞の使い方

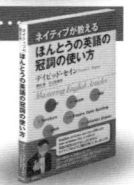

デイビッド・セイン
森田 修・古正佳緒里〔著〕

A5判 並製 166頁
ISBN978-4-327-45253-7

冠詞はむずかしくない。
「山ほどの例文とネイティブの解釈」をセットにして繰り返し読むことで、感覚的に「ネイティブの冠詞の使い方」が身につきます。

ネイティブが教える
英語の動詞の使い分け

デイビッド・セイン
森田 修・古正佳緒里〔著〕

A5判 並製 288頁
ISBN978-4-327-45247-6

この状況、文脈では、どんな動詞をあてるべきか?
日本人が理解しにくいこの問題を、セイン先生が、多くのネイティブに調査したうえで教えてくれます!

ネイティブが教える
英語の語法とライティング

デイビッド・セイン〔著〕

日本人が英訳の際に間違えてしまう微妙な日本語の言いまわしを、わかりやすく英訳・解説!
文法的に正しい英文を書きたい人へ。　　A5判 並製 280頁　ISBN978-4-327-45240-7